KOMPASS

RAD VERGNÜGEN

NORDRHEIN-WESTFALEN

21 1/2 TAGESTOUREN
FEIERABEND-RIDES
WOCHENEND-BIKEAWAYS

EINFACH RAUS!

mit diesen Autorinnen *und* Autoren

BERND SCHADOWSKI

Ist begeisterter Langstreckenradler, Blogger und Autor. Er lebt mit seiner Familie in Jülich und teilt seine Erlebnisse und Kenntnisse rund ums Radreisen auf seinem Blog „Radreiseglück".

SUSANNE MÜNCH

Betreibt eine Agentur für Kommunikation/PR in Essen. Noch vor einigen Jahren waren längere Touren eine Hürde. Inzwischen sind tausende Kilometer im Jahr und mehrtägige Strecken mit Packtaschen – auch mit Hundeanhänger und Terrier Specter – voll normal.

ULRIKE KATRIN PETERS

Hat sich als Autorin auf grüne Destinationen sowie auf aktive Themen wie Wandern und Radfahren spezialisiert. Das Ruhrgebiet ist die liebgewonnene zweite Heimat der gebürtigen Oldenburgerin, die inzwischen rund 50 Reiseführer vorgelegt hat.

NIKOLAI WYSTRYCHOWSKI

Von Rhein und Ruhr zog er ins schöne Münster, wo er M.Sc. Psychologe wurde … und zum Leezenliebhaber. Beides vereint er als radelnder Seminarleiter und streift mit RAD & SINN durchs Münsterland. Lieblingsproviant: CO_2-freie Schokolade von der Schokofahrt.

THOMAS MACHOCZEK

Schreibt er nicht, dann ist die Chance groß, dass er radelt. In Reportagen und Wanderführern spürte der Ureinwohner des westlichen Ruhrgebiets bevorzugt den Relikten der Schwerindustrie nach und macht sie auch zum Gegenstand künstlerischer Auseinandersetzung.

CHRISTOPH DREPPER

Beruflich tief in der Technik, geht es privat für Christoph stets in die Natur. Seien es (Mehr-)Tagestouren mit dem Lastenrad oder Erkundungen des Teutoburger Walds mit dem Mountainbike.
Bei ihm dreht sich alles ums Rad.

ELISABETH ODENDAHL

Die Kölnerin ist Unternehmerin im Radtouren- und Sporteventbereich und als Musikerin (Studium) insbesondere als Jazz-Sängerin mit ihren eigenen Songs unterwegs. Sie bietet auch geführte Radtouren an: www.radkultours.de

LIEBE LESERIN, LIEBER LESER,

das Radelparadies Nordrhein-Westfalen wartet nur darauf, in seiner Vielfalt entdeckt zu werden! Idyllische Wersepättkes und altehrwürdige Burgen im Münsterland im Norden, Kohlehalden- oder Wassermühlenhopping und Grenzübertritte in die Niederlande im Dreiländereck Aachen im Süden. Deiche mit fantastischem Panoramablick am Niederrhein im Westen oder höhenmeterreichere Touren im Teutoburger Wald sowie ein Ausflug zur Ruhrquelle im Sauerland im Osten. Die überragende Infrastruktur macht das Radfahren überall zum Vergnügen!

21 ½ Touren fürs Stadtrad und Trekkingbike haben Insider der Region und erfahrende Radfahrende für dich abgefahren und beschrieben. Daraus sind fantastische Auszeit-Abenteuer, erlebnisreiche Tagestouren und ausgedehnte Wochenendausflüge entstanden. Also: aufsatteln und losfahren!

ULRICH GERBING

Seit 1975 in Münster. Früher Grundschullehrer; schon da mit großer Affinität zum Fahrrad. Nach Eintritt in den hauptberuflichen Ruhestand: Gründung des Start-ups Münster-RadGuide (professioneller Anbieter von geführten Radtouren).

ROUVEN SOYKA

Seit 2017 Pressesprecher beim Sauerland-Tourismus. Privat geht es als Ausgleich zum Büroalltag viel raus in die Sauerländer Landschaft, egal ob zu Fuß oder auf zwei Rädern. Was die Region für spannende Touren zu bieten hat, weiß er aus Erfahrung zu berichten.

INHALT

ALLES AUF EINEN BLICK

TOUREN

DEINE ORIENTIERUNG

APP & GPX-DOWNLOAD

Alle 21 ½ Touren in der KOMPASS App: Dort findest du Livetracking, GPS-Ortung, Offline-Karten und -Touren, Navigation zum Start und viele weitere nützliche Features. Einfach QR-Code scannen und Tour starten. Los geht's!

KOMPASS

GPX-Tracks zum Download: www.kompass.de/gpx
Für das Navigationsgerät deiner Wahl haben wir alle Touren auch als GPX-Track auf unserer Homepage.

FEIERABEND-RIDES

RAUF AUFS RAD ZUM RUNTERKOMMEN

TOUR MIT WEITBLICK!

Ich liebe es, auf dieser Tour den Blick zum Denkmal über der Porta Westfalica schweifen zu lassen und gemütlich in Mindens Fachwerk-Altstadt einzukehren.

➤ **1 /** Am Parkplatz Schlagde in Minden starten und beenden wir die Tour

➤ **2 /** Über eine Hängebrücke, die Glacisbrücke, die Weser queren

➤ **3 /** Erhasche einen ersten Blick zum Kaiser-Wilhelm-Denkmal

➤ **4 /** Einstigen Glamour erahnen am früheren Hotel Der Kaiserhof

➤ **5 /** Den Weitblick genießen vom Aussichtspunkt Kaiser-Wilhelm-Denkmal

➤ **6 /** Zeitlose Einkehr im Café zeitlos in Mindens Schnurrviertel

➤ **7 /** Bewundere das spitzgiebelige Fachwerk-Kleinod Haus Windloch

➤ **8 /** Schlemme leckere Burger im Restaurant Poppins am Markt

➤ **9 /** Der Mittellandkanal, Deutschlands längste künstliche Wasserstraße

➤ **10 /** An der Schachtschleuse den Schiffen beim Schleusen zusehen

➤ **11 /** Das Wasserstraßenkreuz Minden ist eines der größten weltweit

➤ **12 /** Staunen am hübschen historischen Gebäude Hauptpumpenwerk

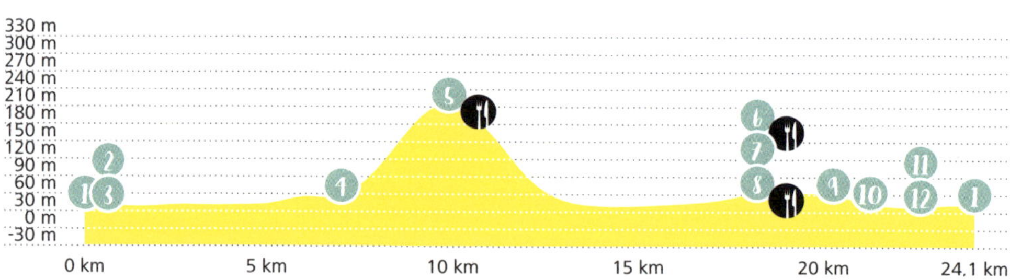

AUF KAISERS SPUREN

Weser-Tour
zur Porta Westfalica

Entlang der Weser radeln wir auf das Kaiser-Wilhelm-Denkmal zu, das sich beeindruckend über der Porta Westfalica erhebt. Zurück geht's auf einem der schönsten deutschen Radwege, dem Weserradweg, über Mindens Altstadt zum Wasserstraßenkreuz Minden.

24 Kilometer
260 Höhenmeter ▲
260 Höhenmeter ▼
1:30 Stunden
Rundtour

An der schönen Weser

Wir starten unsere Tour vom Mindener 1 / Parkplatz Schlagde (kostenpflichtig Mo–Sa 9–19 Uhr, bis zu 180 Min, So und feiertags frei), direkt an der Weser gelegen. Das rot-weiße Knotenpunktnetz (KP) dient uns auf dieser Tour als Orientierung. Direkt am Parkplatz finden wir am schönen Weserufer KP 30 und halten uns Richtung Porta Westfalica KP 32. Wir möchten die Weser überqueren, doch nutzen wir dafür nicht die unmittelbar vor uns

CHARAKTER

Sportlich ●●●○○
Abkühlung ●○○○○
Schlemmen ●●●●○
Panorama ●●●●●

TOURENINFO / Meist auf hervorragendem Radweg, wenige Straßen als Verbindungsstücke. Für Familien mit Anhänger geeignet, sofern Auffahrt zum Kaiser-Wilhelm-Denkmal ausgespart wird.
E-Bike Ladestellen: Parkplatz am Kaiser Wilhelm Denkmal (3 Ladestellen, Schlüssel am Kiosk).

< links / Das Kaiser-Wilhelm-Denkmal ist auf dieser Tour allgegenwärtig

liegende Weserbrücke, sondern fahren unter dieser hindurch für etwa 500 m stromaufwärts, bis wir schließlich den Fluss über eine hübsche Hängebrücke queren.

Blick zum Highlight

Wenn du von der Brückenmitte flussaufwärts über die langsam strömende Weser schaust, kannst du von der 2 / Glacisbrücke entfernt das erste Mal den 3 / Blick zum Kaiser-Wilhelm-Denkmal streifen lassen. Am Festplatz Kanzlers Weide erreichen wir KP 32 und orientieren uns rechts Richtung KP 33, um auf dem Radweg nun ein Stück parallel zur Hausberger Straße zu rollen, und direkt am Ortsanfang von Neesen Richtung KP 47 abzuzweigen. Wir befinden uns auf der sogenannten „Alternativen Route" des Weserradwegs, einem der schönsten Radwege Deutschlands, den wir am gegenüberliegenden Ufer auf unserer Rückfahrt unter unser Profil nehmen wollen. Eine grüne Birkenallee begleitet uns mit ihren schwarz-weißen Stämmen, saftige Weiden führen hinunter zum Ufer der im Sonnenlicht glitzernden Weser. Es ist ganz wunderbar, diese etwa 5 km in Richtung des sich stets im Blick befindlichen landschaftsprägenden Kaiser-Wilhelm-Denkmals zu radeln und dabei immer feinere Details des Bauwerks entdecken zu können. An KP 47 biegen wir bergauf ab Richtung Bahnhof KP 46, wir bewundern die Aussicht über den Weserbogen mit dem sich spiegelnden Berg des kaiserlichen Denkmals. Wenige Meter weiter halten wir uns von KP 46 rechts und überqueren die Weserbrücke Porta Westfalica Richtung Kaiser-Wilhelm-Denkmal. Wir halten die Orientierung zum Denkmal bei und passieren ein zwischen 1895 und 1896 erbautes ehemals mondänes Hotel, das seit 1983 unter Denkmalschutz steht, doch

HÄNGEBRÜCKE

Die für Fußgänger und Radfahrer konzipierte 2 / Glacisbrücke verbindet mit einer Länge von 177 m seit 1995 den Festplatz mit der Mindener Innenstadt.

➤ rechts oben / Meist kann man auf feinen Radwegen den Blick genießen ➤ rechts Mitte / Über die hübsche Glacisbrücke lässt sich für Radler und Fußgänger die Weser queren

88 M

Was für ein fantastischer 3 / Blick zum Kaiser-Wilhelm-Denkmal, das von 1892 bis 1896 erbaut wurde und mit seiner Größe von 88 m beeindruckt. Hoch oben thront es über dem Weserdurchbruch Porta Westfalica, dem „Tor nach Westfalen", wo sich die Weser ihren Weg durch die Mittelgebirgsschwelle in die Norddeutsche Tiefebene bahnt.

LOST PLACE

4 / Der Kaiserhof wurde nach Insolvenz und Brand 2011 nur teilweise wiederhergestellt und ist nun eher ein etwas gespenstischer Lost Place.

jetzt eher einer Ruine gleicht: Das Hotel 4 / Der Kaiserhof (Freiherr-vom-Stein-Straße 1, 32457 Porta Westfalica). Direkt dahinter überqueren wir die Straße und folgen dem Weg am Hotel entlang Richtung Kaiser-Wilhelm-Denkmal.

STEILER ANSTIEG ZU SCHÖNER AUSSICHT

Kaiserliche Höhenmeter

Hier darfst du dich je nach Kondition und Zeit zwischen mehreren Touroptionen entscheiden: Möchtest du den Fußweg erwandern und stellst dein Rad an dieser Stelle ab oder nutzt du die Straßenroute ohne Radweg mit bis zu 12 % Steigung hinauf zum Denkmal (für Kinder ungeeignet)? Oder möchtest du einfach entspannt entlang der Weser zurückradeln und so 170 Höhenmeter und 4,6 km Wegstrecke einsparen? Dann fahre die Hauptstraße etwa 400 m weiter und biege rechts ab, um den Weg, wie weiter unten beschrieben, über die Lannertstraße fortzusetzen. Wer jedoch die Höhenmeter zum 5 / Aussichtspunkt Kaiser-Wilhelm-Denkmal erklommen hat,

genießt bei klarem Wetter eine wundervolle Sicht weit über die Wipfel des Teutoburger Walds. In der ausgebauten Ringterrasse findest du neben einer Ausstellung auch ein Restaurant.

Weserradweg

Dank Schwerkraft geht's zurück rasant bergab, die mühsam abgerungenen Höhenmeter schmelzen dahin wie der Schnee in der Sonne. Wir überqueren die Hauptstraße auf die Lannertstraße und biegen links in die Alte Poststraße. Etwa 300 m weiter führt uns unsere Route rechts über die Osterfeldstraße zurück auf das Radroutennetz zu KP 49. Flussabwärts Richtung Minden radeln wir entspannt den von Fluss und blühenden Wildblumen eingerahmten erstklassigen Weserradweg.

Fachwerkatmosphäre

Schließlich erreichen wir Mindens Innenstadtring und fahren geradeaus in den Schwichowwall, der in den Königswall übergeht. Rechts erreichen wir über das Kopfsteinpflaster der Videbullenstraße Mindens von hübschen Fachwerkhäusern geprägte historische Altstadt. Entlang der alten Synagoge radeln wir über eine schmale Gasse zur Ritterstraße und passieren nach links das Mindener Mu-

268 M

So hoch stehst du am 5 / Aussichtspunkt Kaiser-Wilhelm-Denkmal. Das beeindruckende Denkmal zu Ehren Kaiser Wilhelm I. ist das Wahrzeichen der Stadt Porta Westfalica und eines der bedeutendsten Nationaldenkmäler Deutschlands.

< links / Hoch oben vom Kaiser-Wilhelm-Denkmal gibt's einen weiten Blick über den Teutoburger Wald ^ oben / Die Schachtschleuse am Wasserstraßenkreuz Minden bietet auch abends eine atmosphärische Kulisse

HISTORISCH

Die **10 / Schachtschleuse** gilt als technische Attraktion und kann besichtigt werden. Empfehlenswert ist eine Schifffahrt inklusive Schleusung mit 13,30 m Hub.

seum. Hier im Schnurrviertel mit seinen kleinen Lädchen lässt sich prima pausieren. Etwa im 6 / Café zeitlos (Ritterstraße 38, 32423 Minden), einem gemütlichen Fachwerkhaus mit toller Außengastronomie. Wir folgen der Ritterstraße einige Meter weiter bis zum Martinikirchhof und biegen zweimal rechts ab, um noch vor der Martinikirche die schmale Gasse am 7 / Haus Windloch (Hohe Str. 11, 32423 Minden) zu nutzen. Das spitzgiebelige Fachwerkhaus ist ein wirkliches Kleinod des Schnurrviertels. Bergab mündet die Hohe Straße (Vorsicht, steil!) in die Fußgängerzone, der wir nach links folgen (Radfahren von 10 bis 18 Uhr verboten). Wir überqueren den einladenden Marktplatz mit seinem breiten Repertoire an Gastronomie. Wer Burger mag, dem empfehle ich das 8 / Restaurant Poppins (Markt 11–13, 32423 Minden) mit klasse Burgervariationen. Nun geht's links bergauf über die Hufschmiede, wir biegen rechts auf die Stiftstraße und queren nach etwa 1 km nach rechts die Bahngleise Richtung Kutenhausen.

341 M

Auf dieser Länge überquert am 11 / Wasserstraßenkreuz Minden der Mittellandkanal seit 1914 die Weser. Du stehst unter einem der größten Wasserstraßenkreuze der Welt! Schon eine verrückte Vorstellung, dass vielleicht gerade ein Schiff über dir fährt, oder?

Wasserstraßenkreuzung

Dann liegt sie vor uns, die mit 325,3 km längste künstliche Wasserstraße Deutschlands, der 9 / Mittellandkanal. Wir überqueren den Kanal und folgen ihm rechts entlang der Ruhrstraße, an deren Ende wir die Marienstraße nach links überqueren, um rechts in die Sympherstraße abzubiegen. Dem Wegweiser Wasserstraßenkreuz Minden Besucher-Route folgend, rollen wir vorsichtig einen schmalen Weg hinunter zum Kanal, an dessen Ufer wir zur 1911 bis 1914 erbauten historischen 10 / Schachtschleuse radeln. Direkt hinter ihr biegen wir an KP 25 über die Schleuse ab und orientieren uns zurück Richtung Minden-Zentrum KP 30. Dabei unterqueren wir den Mittellandkanal, der hier am 11 / Wasserstraßenkreuz Minden über die Weser geführt wird und passieren Mindens von 1912 bis 1914 erbautes 12 / Hauptpumpenwerk. Bald befinden wir uns wieder am Weserufer und folgen dem Radweg zurück zum 1 / Parkplatz Schlagde.

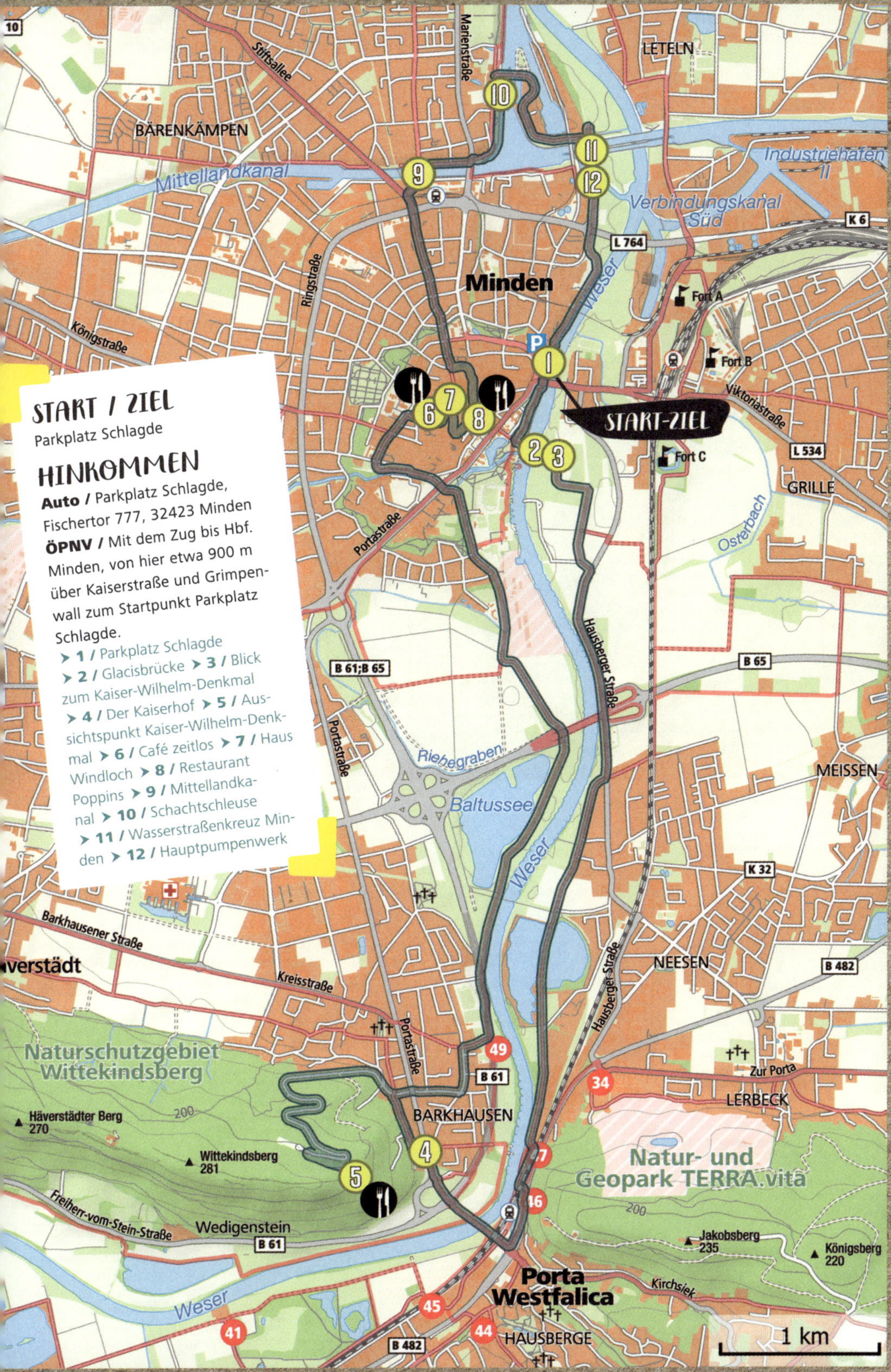

START / ZIEL

Parkplatz Schlagde

HINKOMMEN

Auto / Parkplatz Schlagde, Fischertor 777, 32423 Minden

ÖPNV / Mit dem Zug bis Hbf. Minden, von hier etwa 900 m über Kaiserstraße und Grimpenwall zum Startpunkt Parkplatz Schlagde.

➤ **1 /** Parkplatz Schlagde ➤ **2 /** Glacisbrücke ➤ **3 /** Blick zum Kaiser-Wilhelm-Denkmal ➤ **4 /** Der Kaiserhof ➤ **5 /** Aussichtspunkt Kaiser-Wilhelm-Denkmal ➤ **6 /** Café zeitlos ➤ **7 /** Haus Windloch ➤ **8 /** Restaurant Poppins ➤ **9 /** Mittellandkanal ➤ **10 /** Schachtschleuse ➤ **11 /** Wasserstraßenkreuz Minden ➤ **12 /** Hauptpumpenwerk

PERSPEKTIVEN-WECHSEL

Diese perfekte Feierabend- oder Frühstücksrunde drehe ich gerne auch mal anders herum. Beide Richtungen bieten tolle Ausblicke.

➤ **1 /** Am Zwinger an Münsters Promenade geht's los

➤ **2 /** An der Schleuse am Dortmund-Ems-Kanal Schiffen aus ganz Europa winken

➤ **3 /** Erfrischung und Abwechslung auf dem malerischen Pättken an der Werse

➤ **4 /** Münsters ältester Siedlung auf der Spur in den Hügeln der Haskenau

➤ **5 /** Rasten, nisten, lauschen – die Rieselfelder begeistern Vögel und Menschen

➤ **6 /** Sundowner unterm Storchennest im Café und Restaurant Heidekrug

➤ **7 /** Buntes Landleben auf dem Bauern- und Künstlerhof Haus Coerde

➤ **8 /** Im Wienburgpark mitten in der Stadt durch sattes Grün radeln

➤ **9 /** Die renaturierte Münstersche Aa hat wieder viel Freiraum

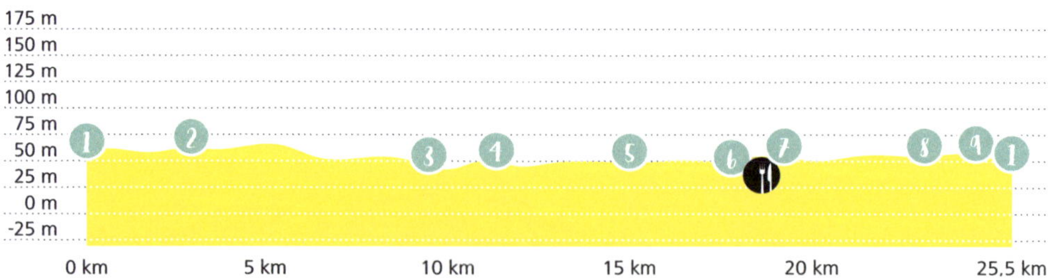

FEIERABENDBERIESELUNG

Spritztour durch Münsters Nordosten

Grüne Pfade und gut ausgeschilderte Fahrradstraßen führen uns fix aus Münster City ins Grün-Blaue. Gerade morgens und abends verwandeln sich Werse und Rieselfelder durch Tau, Nebel oder Sonnenuntergang in ein Freiluftlichtspiel. Unter der Woche haben wir diese schmucken Orte fast für uns allein.

26 Kilometer
50 Höhenmeter ▲
50 Höhenmeter ▼
1:45 Stunden
Rundtour

Raus aus der Stadt

Im Schatten des 1 / Zwingers an der Promenade startet unsere Rundtour. Allerdings kehren wir Münsters bekanntem Radring um die Innenstadt direkt den Rücken und fahren, für rund 3 km den roten Fahrradwegweisern Richtung Handorf folgend, nach Nordosten. Nach dem Niedersachsenring biegen wir links auf die Dyckstraße ab, queren die Bahngleise und folgen weiter den roten Pfeilen. Künftig soll dies die Veloroute (Radschnellverbindung) nach Telgte werden, zwischen Bahnlinie und Wohngebiet kommen wir daher ungestört voran. Gleich hinter der Unterquerung des Schifffahrter Damms zieht

CHARAKTER

Sportlich ●●○○○
Abkühlung ●●●●○
Schlemmen ●●○○○
Panorama ●●●●●

TOURENINFO / Durchweg verkehrsarme, befestigte Wege, abschnittsweise schmal, keine Steigungen. Viele tolle Picknickplätze.

< links / Café und Restaurant Heidekrug mit Storchennest in den Rieselfeldern

die 2 / Schleuse am Dortmund-Ems-Kanal fast immer Schaulustige an. Weiter geht es auf der Fahrradstraße Dingstiege und schon lassen wir die Stadt merkbar hinter uns. Dass Münster bei fast 320.000 Einwohnerinnen und Einwohnern Kleinstadtflair besitzt, liegt auch daran, dass eine Flucht ins Grüne selten länger als 10 Minuten dauert. Kurz nach Überquerung der Dyckburgstraße verlassen wir den rot beschilderten Asphaltweg und folgen einem Pfad zwischen den hohen Bäumen hindurch, der uns mit munterem Auf und Ab rasch ein Mitten-im-Wald-Gefühl verschafft. Zur Rechten taucht bald eine Mauer auf, hinter der sich das Gymnasium St. Mauritz verbirgt. Vor dem Eingangstor zur Boniburg folgen wir dem ausgeschilderten Werse-Radweg (blaues geschwungenes „W") Richtung Gelmer und umfahren auf einem schmalen Pfad den Stadtteil Sudmühle bis zur namensgebenden modernen Mühlenanlage. Das nahegelegene Freibad liegt idyllisch in eine Schleife der Werse eingebettet und erfreut sich größter Beliebtheit bei den Münsteranerinnen und Münsteranern.

GEMÄCHLICHKEIT TRIFFT RIESENKRAFT

Eine Art meditativer Bann entfaltet die 2 / Schleuse, wenn Millionen Liter Wasser stattliche Flussschiffe um 6 Meter anheben oder absenken.

Die Werse entlang

Es folgt ein wunderschöner Abschnitt des Werseradwegs, zunächst zum Gelände des Hofgutes Havichhorst, dann vorbei an Ställen und Koppeln der Westfälischen Fahr- und Reitschule, die idyllisch in der Parklandschaft liegt. Bald queren wir das Flüsschen an einer Staustufe mit angeschlossener „Fischtreppe" und Wasserrastplatz (auch für Radelnde sehr einladend). Dann schlängelt sich unser Weg als schmuckes 3 / Pättken an der Werse entlang zum Hotel Landhaus Eggert, dessen Fachwerkhof wir durchqueren. Pättkes sind die wunderbar zu radelnden, schmalen Sträßchen und Wege des ländlichen Münsterlands. Weiter auf dem rot beschilderten Weg kommen wir zur 4 / Haskenau. Dass sich hier, an Münsters äußerstem Nordzipfel, bereits vor 1200 Jahren eine Burganlage befand, erschließt sich erst durch die

---

➤ rechts oben / Schleuse am Dortmund-Ems-Kanal ➤ rechts Mitte / Wersebrücke bei Sudmühle

KM 5

Im Wäldchen zwischen Haus Dyckburg und den Grundmauern der vom Volksmund so getauften „Boniburg“ finden wir einige verträumte Orte und hübsche Wege. Eine gute Gelegenheit, mal vom Rad zu steigen und dir eine Pause oder einen kleinen Waldspaziergang zu gönnen.

FLUSSIDYLLE PUR

An Pferdekoppeln und Blumenwiesen entlang führt dich das malerische 3 / Werse-Pättken, immer begleitet von einem Rauschen und Plätschern.

Infotafeln. Aber auch so ist dies ein besonderer Ort: der plötzlich weite Blick nach Westen, die mächtigen Buchen und der zerklüftete, blanke Boden, der zum Fluss hin steil abfällt. Eine lange Holzbrücke bringt uns ans andere Ufer – mit Glück erspähen wir hier einen Eisvogel. Und da unweit die Werse in die Ems mündet, endet nun auch der Werse-Radweg.

VOGELSCHUTZ- UND NAHERHOLUNGSGEBIET

In die Rieselfelder

Unser nächster Orientierungspunkt heißt: Rieselfelder. Wir unterqueren den Schifffahrter Damm, umfahren am Südrand den Ortsteil Gelmer, vorbei am Heidestadion und finden uns wieder auf einer Brücke über den Dortmund-Ems-Kanal. Direkt links abgebogen und sogleich erstrecken sich vor und neben uns große Wiesen, Wasser- und Schilfflächen. Zu nahezu jeder Jahreszeit begrüßen uns Heckrinder und zahlreiche Vögel: Willkommen in den 5 / Rieselfeldern. Südlich ragt der „Monte Scherbelino" auf, eine seltene Landmarke im flachen Ost-

Münsterland. Diese frühere Mülldeponie weist darauf hin, was es mit dem heutigen Vogelparadies einst auf sich hatte: Bis 1976 wurden die städtischen Abwässer hierher gepumpt und großflächig verrieselt. Heute übernehmen Kläranlagen die Wasseraufbereitung, geblieben ist ein (abwasserfreies) Feuchtgebiet. Hier kehren Jahr für Jahr unzählige Zugvögel ein, um auf ihrem Weg in die Sommer- oder Winterresidenz zu rasten. Oder sie bleiben gleich hier, wie die Störche, die sich an etlichen Nistplätzen wie auf dem Gasthof Heidekrug eingerichtet haben. Dorthin führt auch unser Weg, zunächst durchfahren wir aber in zwei Schleifen die Rieselfelder mit vielen wunderbaren Ausblicken. Besonders lohnend sind die 12 Meter Aufstieg zur Spitze des Turms, der rundum freie Sicht bietet. Von der Hauptachse namens Coermühle, die mittlerweile vom Kfz-Durchgangsverkehr befreit wurde, biegen wir vor der ökologischen Station links auf den Mulchweg ab, fahren an alten Kopfweiden vorbei und wenden uns wieder links, ins Röhricht. Das Rauschen des Schilfs sowie das Singen und Schnattern der Vögel begleiten uns auf diesem Weg. Ansonsten herrscht himmlische Ruhe. Nun stehen wir vor der Wahl: Nehmen wir uns bloß auf dem Weg ein Glas Rieselfeld-Honig (auch mit PayPal zahlbar) oder etwas saisonales Obst mit – oder gönnen wir uns gleich ein Stück Schwarzbiertorte auf

130

So viele verschiedene Vogelarten lassen sich im Laufe eines Jahres in den 5 / Rieselfeldern entdecken. Am besten haben wir hier also immer ein Fernglas und ein Vogelbestimmungsbuch bzw. eine -App im Gepäck.

< links / Aussichtsturm in den Rieselfeldern ^ oben / Start und Ziel unserer Tour: Promenade mit Zwinger

„Monte Scherbelino"

Die frühere Deponie ist heute begrünt, wird mit Heidschnucken beweidet und liefert Solarstrom. Für Schulklassen gibt es einen Lehrpfad und Führungen.

der Terrasse des 6 / Cafés und Restaurants Heidekrug (Coermühle 100, 48157 Münster, www.heidekrugmuenster.de)? Unseren Wissensdurst in puncto Naturschutz & Co, können wir hier ebenfalls stillen: Hinter dem Hof gibt's einen schönen Lehrpfad, Kräuterbeete und eine Streuobstwiese, drinnen eine liebevoll gemachte Ausstellung, die auch Kinder anspricht.

Gestärkt auf den Rückweg

Stadteinwärts geht es hinter der Bahnstrecke rechts, um dem Hof 7 / Haus Coerde einen Besuch abzustatten (Coermühle 50, 48157 Münster, www.haus-coerde.de). Hier finden wir buntes Landleben: Die Bio-Gärtnerei Ra.Baba verkauft freitags 15–17 Uhr ihr frisches Gemüse ab Hof (tgl. über ein Verkaufsschränkchen), die Landgenusswerkstatt bietet Kochkurse an und gelegentlich Speisen und Getränke auf der Hofterrasse, diverse Ateliers und eine Töpferwerkstatt öffnen von Zeit zu Zeit ihre Türen. Nach Überquerung der Aa biegen wir links ab, gelangen über einen kurzen Schotterweg und eine Eichenallee auf die Kanalstraße, die uns nach links schnurgerade in die Stadt führt. Einen Schlenker gönnen wir uns noch: Rechterhand bietet sich nach rund 2 km ein Durchgang zum 8 / Wienburgpark. Mit seinen Wasserflächen, gemulchten Fußwegen und der offenen, leicht hügeligen Landschaft hat der Park etwas vom Englischen Garten in München, nur viel kleiner und westfälisch-bodenständig. Einen klassizistischen Tempel sucht man vergebens, dafür finden wir schlichte Pavillons nebst Grillplätzen sowie Spiel- und Sportplätze. Zurück an der Kanalstraße empfängt uns die 9 / renaturierte Münstersche Aa, die hier wieder Raum bekommen hat, um künftig Überschwemmungen wie 2014 zu verhindern. Die neu geschaffene Flusslandschaft erfreut offensichtlich auch Tiere, Pflanzen und Menschen. Nur noch über den Ring, einen weiteren Kilometer auf der Kanalstraße und wir sind zurück am 1 / Zwinger.

Mogelei

ist das Brutgeschäft des Kuckucks: Sein Ei legt er ins Nest von Rohrsängern. Doch die brühten aufgrund des Klimawandels nun früher und der Kuckuck reist zu spät an – ein echtes Problem. Mehr Details über das Vogelleben erfahren wir in den NABU-Stationen.

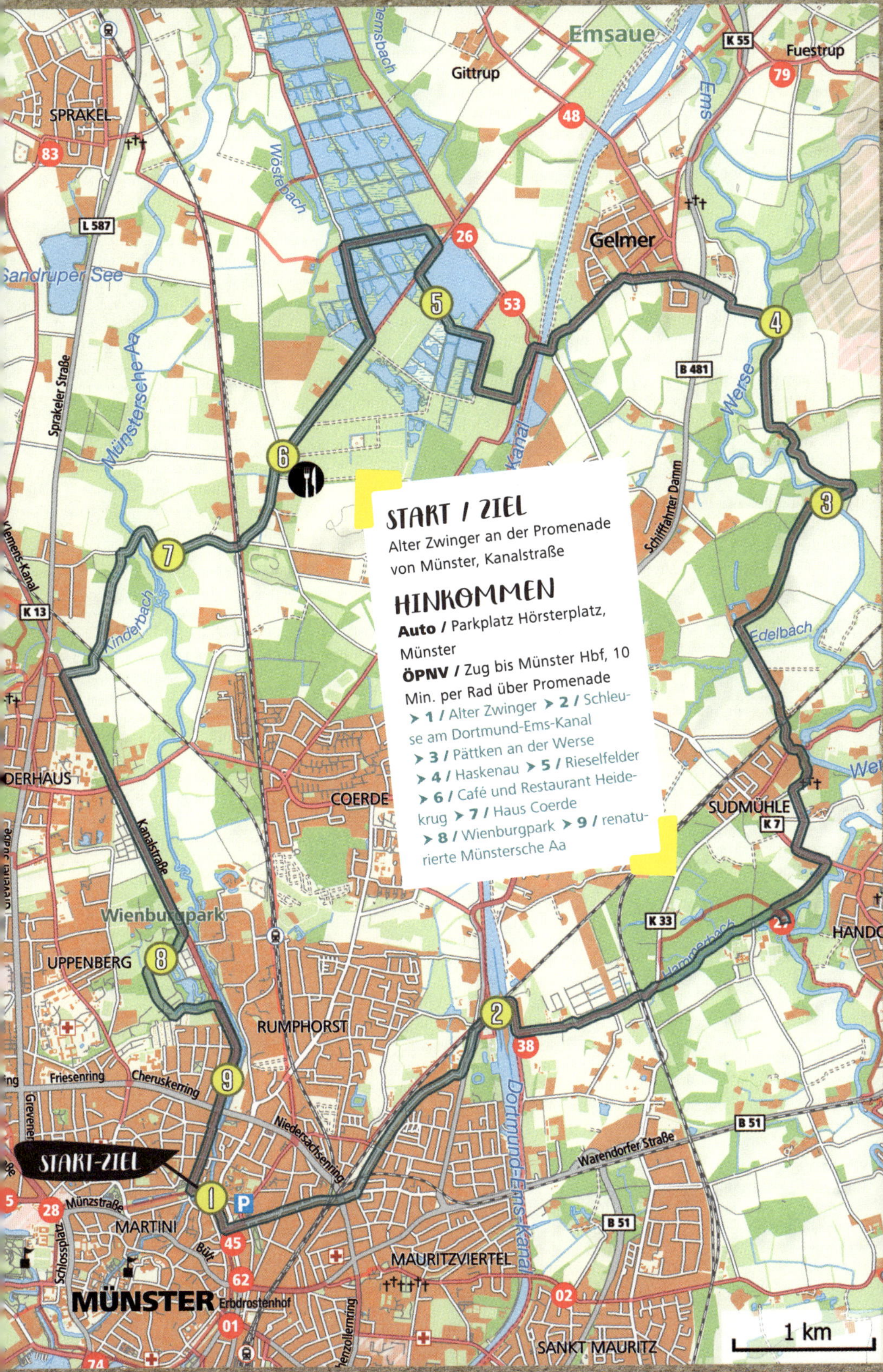

START / ZIEL

Alter Zwinger an der Promenade von Münster, Kanalstraße

HINKOMMEN

Auto / Parkplatz Hörsterplatz, Münster

ÖPNV / Zug bis Münster Hbf, 10 Min. per Rad über Promenade

➤ **1** / Alter Zwinger ➤ **2** / Schleuse am Dortmund-Ems-Kanal ➤ **3** / Pättken an der Werse ➤ **4** / Haskenau ➤ **5** / Rieselfelder ➤ **6** / Café und Restaurant Heidekrug ➤ **7** / Haus Coerde ➤ **8** / Wienburgpark ➤ **9** / renaturierte Münstersche Aa

URLAUBSFLAIR!

Am Sandstrand des Haltener Stausees in einem Strandkorb liegen, den Blick über das glitzernde blaue Wasser gleiten lassen – reinstes Urlaubsgefühl!

➤ **1 /** Unser Start und Ziel ist das spannende LWL Römermuseum

➤ **2 /** Gönn dir ein leckeres Eis auf dem hübschen Marktplatz von Haltern

➤ **3 /** Pack die Badehose ein! Ein Sprung ins kühle Nass am Seebad Haltern ist ein Genuss

➤ **4 /** Currywurst, Burger, knackige Salate: in Jupps Biergarten das Leben genießen! Dazu ein mehrfach ausgezeichnetes „Jupp"-Bier, hergestellt aus Haltener Wasser

➤ **5 /** Die ehemalige Wassermühle Stadtmühle Haltern ist ein traditionelles Ausflugsziel, bei dem man es sich bei Kaffee, Kuchen und Snacks gutgehen lassen kann

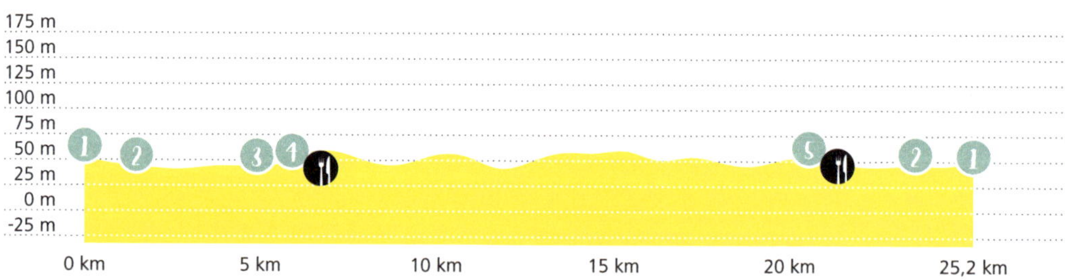

ALTES ROM & SANDSTRAND

Vom Römermuseum um die Halterner Stauseen

Eine runde Sache, diese Tour durch Haltern heute, die auch kleine Familienmitglieder begeistern dürfte. Wer lässt sich nicht gern in einem gut gestalteten Museum in die Zeit des alten Roms entführen? Und wer liebt es im Sommer nicht, in klares Wasser zu tauchen und am Sandstrand zu toben? Auch für das leibliche Wohl ist unterwegs mehr als gesorgt.

25 Kilometer
50 Höhenmeter ▲
50 Höhenmeter ▼
1:30 Stunden
Rundtour

Los geht's

Wir starten vor dem 1 / LWL Römermuseum. Mit dem Eingang im Rücken halten wir uns linksrum und radeln entlang der Weseler Straße. Diese beschreibt eine Rechtskurve und geht in die Rochfordstraße über, der wir treu bleiben, bis wir links in die Straße Kärntner Platz biegen. Diese geht dann in die Straße mit dem ungewöhnlichen Namen Gantepoth über. An dessen Ende, am T-

CHARAKTER

Sportlich ●○○○○
Abkühlung ●●●●●
Schlemmen ●●●●○
Panorama ●●●○○○

TOURENINFO / Eine schöne Landpartie, die gut für Familien mit Anhängern geeignet ist. Das Römermuseum stellt sich auf große und kleine Gäste ein, Eis und Pommes gibt es auf der Tour gleich an mehreren Stellen. Dazu noch die Bademöglichkeiten – so wird der Familienausflug zur reinsten Freude!

< links / Sandstrand im Seebad Haltern

Stück, dann rechtsrum radeln in die Rekumer Straße. Dann ist schnell der Marktbrunnen erreicht und links erreichen wir das hübsche 2 / Alte Rathaus und den Marktplatz. Mit dem Blick auf das schöne Rathausportal wenden wir uns wieder dem Brunnen mit den zwei Bronzeplastiken zu. Hier dem Schild Richtung „Alle Radwege" folgen.

GLOCKENSPIEL

2 / Das Alte Rathaus wurde zwischen 1575 und 1577 gebaut. Es beeindruckt mit seinem Glockenspiel. Im Jahre 1877 wurde die gegenüberliegende Kirche St. Sixtus errichtet.

Vorbei am Bahnhof und ab ans Wasser

Dies ist die Merschstraße. Trifft diese an einer Ampelkreuzung auf die Rochfordstraße, geradeaus in die Köpperstraße, die Fahrradstraße, fahren. An deren Ende links ab Knotenpunkt 74. Dann gelangen wir zum Bahnhof, vor dem wir links abbiegen, dann vor einem Park, wieder rechts, sodass wir den Bahnhof umfahren, dann sofort wieder links und Radbeschilderung Richtung Stausee folgen. Der Linkskurve folgen. Direkt vor der Kirche machen wir einen U-Turn, rechtsrum, es geht unter der Eisenbahn hindurch. Oben angekommen biegen wir wieder links (Radroute H6 folgen). Es geht auf einem wunderbar gepflasterten Radweg inmitten einer Allee, links von uns liegen hübsche Wohnhäuser, vor denen im Frühjahr zahlreiche japanische Kirschbäume blühen. Am Ende dieser kleinen Allee sehen wir links schon das Wasser des Sees durch die Bäume. Schräg links und weiter geradeaus mit dem See zu unserer Linken Richtung Hullern radeln. Dann geradeaus über die blaue Brücke oder, wenn diese gesperrt sein sollte, rechts herunter, der Umleitung folgend. Dann rechts den Anstieg hoch und links über die Alternativbrücke fahren. Von hier aus bietet sich ein schöner Blick über das Wehr und den Fluss. Am Ende der Brücke wieder links abbiegen. Dann weiter auf dem Uferweg mit dem See zu unserer Linken. Der Naturweg führt uns ein Stück an der Straße entlang. Dann liegt rechts das Hotel Seehof, vor dem im Sommer auch das Fahrgastschiff Möwe ablegt.

➤ rechts oben / Jupps Biergarten ist mit Liebe gemacht ➤ rechts Mitte / Der Markplatz ist ein Kleinod: Das Alte Rathaus mit Brunnen in Haltern

6

Im Jahr 2016 entstand die Idee, passend zu 4 / Jupps Biergarten eigenes Bier zu brauen. Sechs Klassiksorten und zahlreiche Sonderabfüllungen stellt man mit Begeisterung aus Halterner Wasser her. Einige Biere sind sogar inzwischen mit dem International Craft Beer Award ausgezeichnet worden.

EIN FAMILIENBETRIEB

… der mit Herzblut geführt wird. In **4 / Jupps Biergarten** kann man in einem Weinfass Currywurst genießen, während sich die Kids im Klettergarten austoben.

REIN INS KÜHLE NASS

Halterner und Hullerner Stausee

An warmen Tagen wird das kühle Nass am 3 / Seebad Haltern zum Magnet für Wasserratten. Kein Wunder, lädt das klare, blau schimmernde Wasser doch zum Schwimmen, Segeln und Tretbootfahren ein. Wer möchte, kann mit der „Möwe" gemütlich über das Wasser schippern. Gespeist wird der Stausee übrigens aus der Stever und dem Mühlenbach. Seit 1930 gibt es eine Talsperre und heute dienen die Stauseen der Trinkwasserversorgung des Münsterlandes und des Ruhrgebiets. Am Ufer des Hullerner Sees geht es an heißen Sommertagen ein wenig ruhiger zu als beim „großen Bruder".

Gemütliche Einkehr bei Jupp

Dann geht unser Weg, leicht rechts, links liegt das Blockhaus von 4 / Jupps Biergarten. Wir radeln nun weiter mit der Straße zur Rechten durch einen Wald. An der Ampelkreuzung einmal die Straßenseite wechseln (erst rechts über die Ampel, dann links). Danach fahren wir immer noch in dieselbe Richtung, allerdings mit der Straße

zur Linken. Wenn links ein silbernes Geländer zwischen Radweg und Straße zu sehen ist, fährt man an diesem parallel zur Straße ein wenig bergan, kreuzt diese Straße und biegt in den gegenüberliegenden Waldweg. (Richtung Hullerner Stausee). Vor der Sackgasse biegen wir hier rechts in den Forellenweg. Stoßen wir auf eine T-Kreuzung, biegen wir vor dem großen Feld links herum. Vor dem Bootsverleih folgen wir rechts herum der Abknickung der Straße. Vor dem Parkplatz Heimingshofstraße biegen wir links ab. Hier liegt das Café und Restaurant Heimingshof. Am Ende des Biergartens biegen wir rechts hinein (Radweg H6 folgen). Wir fahren weiter geradeaus, dann liegt rechts eine Kapelle. Links liegt dann bald das nächste Kapellchen, ein Stück weiter steht ein großes hölzernes Kreuz. Nach der nächsten kleinen Kapelle links abbiegen. Der Weg macht dann einen Rechtsknick vor zwei Bänken und verläuft direkt am Ufer. An der T-Kreuzung links herum. Dann über die schmale Brücke mit den grünen Geländern fahren. Nachdem wir von der Brücke hinuntergerollt sind, auf eine Schutzhütte zu radeln.

Einmal abtauchen

Das 3 / Seebad in Haltern bietet Badevergügen an schönen Sommertagen. Weißer Strand, sauberes Wasser – rein ins Vergnügen! Für acht Euro pro Tag kann man einen Strandkorb für das totale Urlaubsgefühl mieten. Fehlen nur noch die Möwen …

Am Ufer entlang zur Stadtmühle

Danach überqueren wir diese kleine Kreuzung geradeaus und folgen weiter dem Fahrradschild. Nach einer grün-weiß gestreiften

< links / Brücke am Hullerner Stausee: Am Ufer laden zahlreiche Bänke zum Verweilen ein ^ oben / Blühende Magnolien zwischen Bahnhof und Seeufer

CARPE DIEM!

Nimm dir unbedingt Zeit für den Besuch des **1 / LWL Römermuseums.** Hier gibt es sogar einen Römer-Escaperoom! Auch spannend: 1.200 Originalfunde aus der Römerzeit

Durchfahrtsbeschränkung treffen wir auf eine kleine asphaltierte Straße, hier halten wir uns links (Richtung Haltern am See). An der Gabelung links und an einer grünen Schranke vorbei. Eine Rechtskurve folgt, an der T-Kreuzung links abbiegen. Danach dem Fahrradschild nach links folgen, in ein Wasserschutzgebiet hinein. An der ersten Möglichkeit links abbiegen (Richtung Jugendherberge). Wir radeln in der Straße „Im Greinenkamp". Eine Wohnstraße führt uns dann auf eine Fußgängerampel zu. Wir treffen auf den „Stockweiser Damm", der etwas stärker befahren ist. Nachdem wir über die Ampel gefahren sind, biegen wir rechts ab. Unser Radweg zweigt nach einigen Metern rechts von der Straße weg zum See. Nun erreichen wir die kleine Hafenanlage mit gemütlichen Einkehrmöglichkeiten bei der 5 / Stadtmühle Haltern am See.

AM KLEINEN HAFEN

Die 5 / Stadtmühle lädt zum Stopp ein. „Genuss mit Aussicht" lautet das Motto hier. Ob Kaffee und Kuchen oder Bierchen und Pommes, hier speist man mit Blick über das blaue Wasser. Abends verwandelt sich das Lokal übrigens in einen Club …

Wieder zurück am Marktplatz

Nach der Stadtmühle biegen wir links ab, eine kleine Anhöhe hoch und durch eine Allee, das Wasser zur Linken. Am Ende der Allee dann parallel zur Eisenbahn fahren. Dann links in den Naturweg, der uns wieder auf das Wasser zuführt. Wenn der Weg sich gabelt, den linken wählen, weiter am Ufer entlang. Wenn rechts ein schmaler Fußweg liegt, der durch einen rot-weiß-gestreiften Poller „bewacht" wird, folgen wir diesem geschlängelten Pfad, bis er uns auf eine größere Straße führt, die wir bereits vom Beginn unserer Tour kennen. Hier rechts hineinbiegen. Mit Hilfe eines Tunnels geht es unter den Eisenbahnschienen hindurch. Nach dem Tunnel fahren wir weiter geradeaus. An der beampelten Kreuzung fahren wir geradeaus rüber in die Lippstraße. Hier ist dann bald wieder der Marktplatz erreicht, hier halten wir und links in die Merschstraße, weiter in die Köppstraße, dann rechts in die Holtwicker Straße, die auf die Weseler Straße trifft. Hier links herum und schon ist der Ausgangspunkt unserer erfrischenden Runde, das 1 / LWL Römermuseum, erreicht.

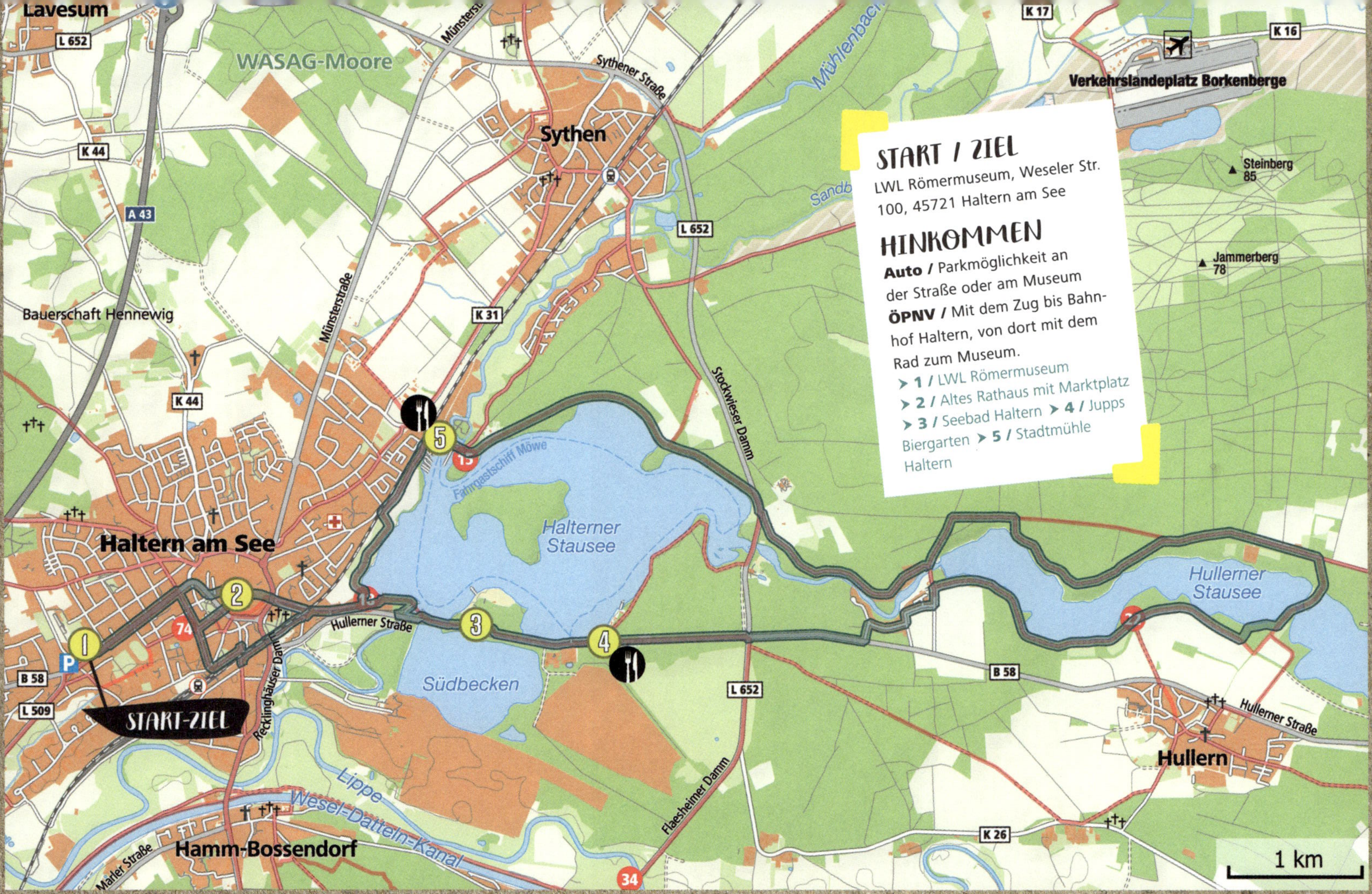

START / ZIEL

LWL Römermuseum, Weseler Str. 100, 45721 Haltern am See

HINKOMMEN

Auto / Parkmöglichkeit an der Straße oder am Museum
ÖPNV / Mit dem Zug bis Bahnhof Haltern, von dort mit dem Rad zum Museum.

➤ **1 /** LWL Römermuseum
➤ **2 /** Altes Rathaus mit Marktplatz
➤ **3 /** Seebad Haltern ➤ **4 /** Jupps Biergarten ➤ **5 /** Stadtmühle Haltern

RAUF AUF DEN HOCHOFEN

Ich liebe die Weite des Flusses mitten in der Stadt und mich fasziniert die Größe und Energie der Stahlwerke.

➤ **1 /** Start und Ziel im Altstadtpark am Innenhafen von Duisburg

➤ **2 /** Ruhrort ehrt seinen Kommissar mit der Horst-Schimanski-Gasse

➤ **3 /** Abstecher auf den Alsumer Berg

➤ **4 /** Industriekulisse pur im Werk von Thyssenkrupp

➤ **5 /** Schlemmen und Brautkleider aussuchen auf der Hochzeitsmeile in Marxloh

➤ **6 /** Auch hier stand einmal eine Zeche: der Förderturm von Friedrich Thyssen

➤ **7 /** Nachschlag gefällig: der Altmarkt von Duisburg Hamborn

➤ **8 /** Stillgelegte Hochöfen mit Kultur: der Landschaftspark Duisburg-Nord

➤ **9 /** Spannender Kontrast: die moderne Fassade des Innenhafens

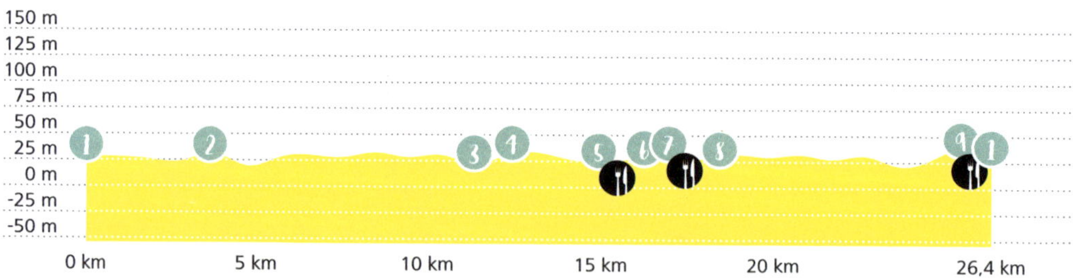

SCHIFFE, STAHL & BRAUT-KLEIDER

Im Duisburger Norden wirkt alles eine Nummer größer

Großer könnten die Gegensätze kaum sein: Der breite Strom und direkt daneben der größte Stahlstandort des Kontinents. Authentische Stadtviertel mit reichlich Malocher-Charme und moderne glitzernde Fassaden, die von Aufbruch zeugen. In Duisburg verdichten sich alle Facetten, die der Niederrhein zu bieten hat, in einer spannungsgeladenen Tour.

26 Kilometer
60 Höhenmeter ▲
60 Höhenmeter ▼
2 Stunden
Rundtour

Alt neben modern

Wir starten ein einem Ort, an dem sich die Duisburger Stadtgeschichte verdichtet, im 1 / Altstadtpark oder Garten der Erinnerung am Innenhafen: Auf der einen Seite befindet sich ein kleiner Rest der alten Stadtmauer, auf der anderen Seite des Springwalls steht die moderne Synagoge, die ein wenig aussieht wie ein aufgeschlagenes Buch. Und über den Innenhafen spannt sich schwungvoll eine kleine Brücke, die einen Buckel macht, wenn größere Schiffe passieren wollen. Sie bildet den Eingang zu unserer Tour. Die ersten hundert Meter sind

CHARAKTER

Sportlich	●●○○○
Abkühlung	●●○○○
Schlemmen	●●●●○
Panorama	●●●●○

TOURENINFO / Eine leichte Tour mit weitgehend befestigten Wegen, ohne Steigungen, aber mit viel Stadt.

◀ links / Blick über die Marina Duisburg im Innenhafen

wenig spektakulär, doch schon am Ruhrdeich, links haltend, bekommen wir einen Vorgeschmack auf die Vielfalt dieser Stadtlandschaft.

Seemannsgarn

Du überquerst die Ruhr über das Stauwehr und hältst dich an der Straße links. Wenn wir rechts auf die Ruhrorter Straße einbiegen, bekommst du einen kleinen Einblick auf die Weitläufigkeit des größten Binnenhafens Europas. Denn was du siehst, ist nur ein Teil davon. Hinter dem nächsten Hafenbecken biegt der Radweg nach links und folgt dem Vinckekanal Richtung Knotenpunkt 39. An der alten Schifferbörse zweigt links ein kleine 2 / Gasse ab, die den Namen eines legendären Tatort-Kommissars trägt. Zu Recht: Ruhrort war dem Horst Schimanski sein Revier! Links halten und unter der großen Rheinbrücke hindurch zum Knotenpunkt 26. Das Binnenschifffahrtsmuseum rechts zeigt wunderbare alte Kähne, die einmal auf der Ruhr pendelten, als sie noch Transportweg für Kohle war. Uns lockt aber die Weite des Stroms und die industrielle Silhouette, die sich am Horizont abzeichnet. Vorbei an den Knotenpunkten 24 und 36 genießt du den entspannten Rad-Trip entlang der weiten Rheinschleife.

BERGBLICK

Wo einmal ein kleines Fischerdorf stand, erhebt sich heute der 3 / Alsumer Berg, der sich zum Pilgerort für Freunde der Industriefotografie entwickelt hat.

Zwischen Stahl und Strom

Auf dem Weg zum Knotenpunkt 22 schließlich könnte der Kontrast kaum größer sein: Links von dir eine Auenlanschaft – rechts, zum Greifen nah und mitunter auch akustisch recht dominant, das Stahlwerk von Thyssenkrupp. Am Knotenpunkt führt dich ein Weg auf den 3 / Alsumer Berg, der, ohne Blätter an den Bäumen noch besser, ein beeindruckendes Panorama bietet. Wir umrunden den Berg links und folgen kurz den Ausschilderungen Richtung Knotenpunkt 21. Hinter der Brücke

---

➤ rechts oben / Imposante Erscheinung: die Stahlwerkskulisse im Duisburger Norden mit dem Thyssenkrupp-Werk ➤ rechts Mitte / Denkmal für einen Tatort-Kommissar

SCHWER-METALL

Wenn es um Stahl geht, macht Duisburg so schnell keiner etwas vor. Noch immer wird am Niederrhein der meiste Stahl des Kontinents hergestellt. Verändern soll sich aber einiges, denn am Duisburger Standort wird mit großem Aufwand derzeit der Einsatz von Wasserstoff für die Produktion erprobt.

HOCHZEITSMEILE

Brautmode macht **5 / Marxloh** über die Landesgrenzen hinaus bekannt. Sogar aus Belgien oder den Niederlanden kommen Paare, um sich auf den großen Tag vorzubereiten.

inmitten der Walzwerke und Hochöfen des 4 / Werks von Thyssenkrupp verlassen wir diese und wenden wir uns am Ende der Alsumer Straße nach rechts in den Willy-Brandt-Ring und dann am Schwelgernstadion links in die Wiesenstraße. Rechts in die Entenstraße, links in die Gertrudenstraße bis zur Dahlstraße, diese dann nach rechts und wieder in die erste links: Du arbeitest dich gerade im Zickzack durch den Stadtteil 5 / Marxloh.

EIN EINSAMER EHEMALIGER FÖRDERTURM RAGT IN DEN HIMMEL

Brautmoden und Baklava

An der Weseler Straße merkst du schnell, dass Marxloh nicht nur einen zweifelhaften Ruf genießt, sondern auch hervorragende orientalische Küche zu bieten hat. Das Angebot ist groß und authentisch – überzeuge dich selbst! Fahre danach weiter rechts die Weseler Straße entlang. Die Häufung von Brautmoden ist nicht zu übersehen. Die Weseler Straße geht in die Duisburger Straße über und

hinter Autobahn und Kaufhaus biegen wir rechts in die Kampstraße. Fördertürme gibt es im von Stahl geprägten Duisburger Norden wenige, der von 6 / Zeche Friedrich Thyssen ist erhalten geblieben. Folge den Radschildern durch die Grünanlage und über die Hufstraße zum Kreisverkehr. Wir halten uns rechts und umfahren nach links den 7 / Hamborner Altmarkt. Wieder Platz im Bauch? Dann findest du hier sicher den Kaffee oder den türkischen Tee mit passendem Feingebäck als Nachschlag. In der Mitte steht außerdem eine der ältesten Trinkhallen des Ruhrgebiets. In dem denkmalgeschützten Pavillon dreht sich heute ein Dönerspieß.

Zwischen Hochöfen

Rein in die Emscherstraße und geradeaus, bis hinter der Brücke der A42 das nächste Highlight unübersehbar wird: der 8 / Landschaftspark Duisburg-Nord. Das ehemalige Stahlwerk gehört zu den spektakulärsten und beliebtesten Orten am Niederrhein. Zwischen Piazza Metallica und Erzbunkern, altem Emscherarm und Tauchgasometer lässt sich nach Herzenslust herumstreifen und erkunden.

< links / Turbinen im Landschaftspark ^ oben / Im Landschaftspark, der eigentlich ein ehemaliges Stahlwerk ist

2000

Nicht entgehen lassen solltest du dir den Aufstieg auf Hochofen 5 im 8 / Landschaftspark Duisburg-Nord. Von rund 80 Metern Höhe bietet sich dir eine fantastische Großstadtkulisse. Und nebenbei lernst du, wie heiß es beim Stahlkochen im Inneren des Ofens wird, bis annähernd 2000 Grad nämlich.

Rhein-Herne-Kanal

Noch mehr Schiffe. Die zentrale Wasserader des Ruhrgebiets ist aber auch eine beliebte Strecke für Jogger, Spaziergänger und Radler.

Besonders beeindruckend ist die Lichtinstallation, die an den Wochenenden gezeigt wird, aber natürlich leider erst bei Einbruch der Dunkelheit.

Zum Rhein-Herne-Kanal

Hinter dem Hauptschalthaus, das ebenfalls immer für einen kleinen Zwischenstopp gut ist, biegst du rechts ein kurzes Stück auf den grünen Pfad. Es geht links auf die Talbahnstraße und hinter der Brücke links in die Hagenauer Straße. Die imposanten Häuser zu deiner Rechten – und auch in den Straßenzügen dahinter – sind einheitlich wie in einer klassichen Zechensiedlung, aber mehrgeschossig. Sie zeugen von dem rasanten Bedarf an Arbeitskraft, den die Schwerindustrie Anfang des 19. Jahrhunderts mit sich brachte. Folge dann rechts der Neumühler und Emmericher Straße über den Kreisverkehr in die Varziner Straße, von der du rechts in die Bügelstraße abbiegst. An ihrem Ende gelangst du an der Koopmannstraße mit der Brücke über den Rhein-Herne-Kanal.

Küppersmühle

Der 9 / Innenhafen war früher einmal ein wichtiger Warenumschlagplatz. Wo einmal Getreide gelagert wurde, in der Küppersmühle, lockt heute das MKM Museum für moderne Kunst. Und anschließend der enspannte Absacker mit Hafenblick.

Wasserwege

Auf der anderen Seite führt dein Weg direkt am Kanal entlang, bis kurz vor der Schleuse ein kleiner Weg nach links auf die Emmericher Straße führt. Halte dich rechts am Tauchcenter Nullzeit vorbei und über die Ruhr. Hinter der Autobahnbrücke führt der ausgeschilderte Weg zum Innenhafen rechts durch die Kleingärten und Sportanlagen. Am Ende geht es links auf die Aakerfährstraße und sofort hinter der Brücke rechts hoch: Nach wenigen Metern erreichst du den 9 / Innenhafen und hast einen tollen Blick über die alten Speicher. Hier findest du auch reichlich Gelegenheit für den verdienten Sundowner. Der direkte Rückweg führt dich den Philosophenweg entlang, geradeaus über die Straße am Innenhafen schnurstracks zum Ausgangspunkt.

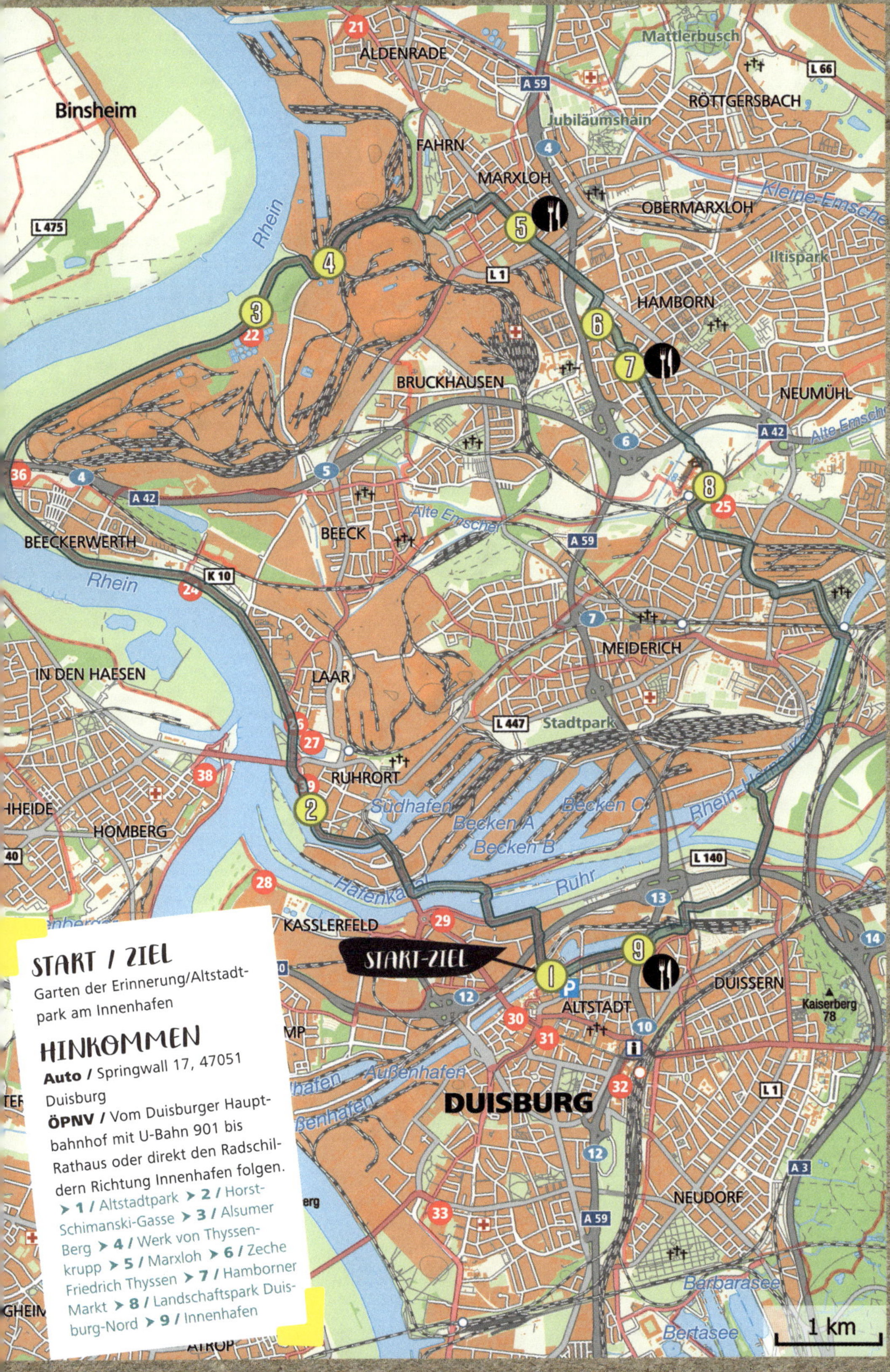

START / ZIEL

Garten der Erinnerung/Altstadtpark am Innenhafen

HINKOMMEN

Auto / Springwall 17, 47051 Duisburg

ÖPNV / Vom Duisburger Hauptbahnhof mit U-Bahn 901 bis Rathaus oder direkt den Radschildern Richtung Innenhafen folgen.

➤ **1 /** Altstadtpark ➤ **2 /** Horst-Schimanski-Gasse ➤ **3 /** Alsumer Berg ➤ **4 /** Werk von Thyssen-krupp ➤ **5 /** Marxloh ➤ **6 /** Zeche Friedrich Thyssen ➤ **7 /** Hamborner Markt ➤ **8 /** Landschaftspark Duisburg-Nord ➤ **9 /** Innenhafen

➤ **1 /** Am Bahnhof Düsseldorf-Rath steigen wir in den Sattel und später wieder ab

➤ **2 /** Grüner See – eine ideale Oase zum Erholen

➤ **3 /** Direkt am Waldrand befindet sich der kleine und feine Spielplatz

➤ **4 /** Zum Entspannen an den Angermunder See

➤ **5 /** Durchatmen im ursprünglichen Ratinger Stadtwald

➤ **6 /** Die ansehliche und gefeierte Wasserburg Haus zum Haus

➤ **7 /** Fotoshooting am Marktplatzbrunnen in Ratingen

➤ **8 /** Regional und modern: Einkehr im Traditionshaus Gut Knittkuhle

➤ **9 /** Boxenstopp an der wohl schönsten Pferderennbahn Deutschlands

➤ **10 /** Wie auf einer Achterbahn durch den fantastischen Aaper Wald

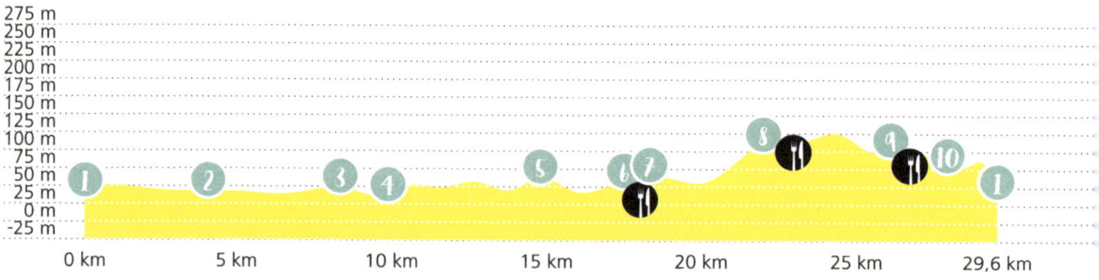

GRÜNER GÜRTEL DÜSSELDORF

Zum Sundowner an die Pferderennbahn

Wie geschaffen für eine kleine Auszeit zum Abtauchen sind Düsseldorfs Grünzonen. Wir fahren durch idyllische Naherholungsgebiete, erleben ursprüngliche Wälder, wunderschöne Panoramablicke und besondere kulinarische Orte.

30 Kilometer
130 Höhenmeter ▲
130 Höhenmeter ▼
2 Stunden
Rundtour

Auf ins Grüne

Wir starten und enden unsere Feierabend-Tour am 1 / Bahnhof Düsseldorf-Rath. Den Aaper Wald zu unserer Rechten überqueren wir schon nach gut einem Kilometer Richtung Norden auf der Oberrather Straße, die zur Reichswaldallee wird, die A44 und sind bereits im Grünen. Wir kreuzen am Niederbeckweg die Gleise nach Westen und radeln entlang des idyllischen Schwarzbachs zum 2 / Grünen See. Der öffentliche See gehört zu Ratingen. Am Ufer finden wir sowohl Gras- und Stein- als auch Sandstrandabschnitte. Im Sommer erlebt man hier einen regen Badebetrieb. Das Gewässer ist umgeben vom über 100 Hektar großen Landschafts- und Erholungspark Volkardey.

CHARAKTER

Sportlich	●●●○○
Abkühlung	●●●●○
Schlemmen	●●●●○
Panorama	●●●●○

TOURENINFO / Mittelschwere Tour, geeignet für Familien. An einer Stelle musst du dein Rad schieben. Schotter und Asphalt. Badesachen nicht vergessen!

◄ links / Durch den hügeligen Aaper Wald

Nach etwas mehr als acht Kilometern – durch Düsseldorfs Westen, über die A 52 und auf der Kalkumer Schlossallee und der Straße An der Anger durch den Wald – kommen wir an einem 3 / Spielplatz vorbei. Er liegt am Waldrand und ist bei den Kleinen sehr beliebt. Für ein Picknick finden wir auch eine überdachte Sitzecke mit Tischen. Es geht nördlich Richtung Angermund weiter. Am 4 / Angermunder See schließen wir unsere Räder ab und machen eine herrliche Pause. Der See eignet sich hervorragend zum Entspannen. Auf der Oberfläche des Sees spiegelt sich der königsblaue Himmel. Wir machen ein paar Yogaübungen sowie etwas für die Balance, steigen dann wieder auf unsere Fahrräder und durchfahren Richtung Osten weiter den wunderbaren Hinkesforst.

FKK

Der 4 / Angermunder See ist kein offizieller Badesee, trotzdem ist er sehr beliebt bei Schwimmern. Gegenüber der kleinen Insel gibt es auch einen FKK-Bereich.

In den Stadtwald zur Wasserburg

Unsere Strecke führt uns erneut über die A 52, rechts von uns liegt der Gratenpoeter See. Schon nach wenigen Kilometern sind wir im fantastischen 5 / Ratinger Stadtwald. Man erlebt den Wald auffällig ursprünglich, nicht so aufgeräumt wie viele andere Stadtwälder. Von der Hauptallee, dem Hinkesforstgraben, biegen wir an der ersten größeren Abzweigung nach rechts ab, radeln aufmerksam durch die schöne Natur und machen einen Stopp an einer wundervollen Lichtung. Zuerst parallel zu den Gleisen Richtung Süden halten wir uns links, überqueren den Angerbach – entlang des Angerbachtals lässt sich die Tour durch viele kleine Radwege beliebig erweitern – und fahren weiter zur prächtigen 6 / Wasserburg Haus zum Haus (tgl. ab 12 Uhr, Haus zum Haus 8, 40878 Ratingen, hauszumhaus.de). Sie liegt am nördlichen Rand der Stadt Ratingen, eingebettet in eine idyllische Weidelandschaft und von malerischen Gräften umgeben. Die Burganlage in ihrer heutigen Form besteht aus der Hauptburg und der Vorburg. Du kannst bis in den schatti-

---

➤ rechts oben / Blick auf den Angermunder See ➤ rechts Mitte / Am Brunnenrand der Wasserburg Haus zum Haus sitzt dieser kleine Kerl

SILBER

Direkt gegenüber vom 2 / Grünen See liegt der ebenfalls wunderschöne Silbersee, er dient der ruhigen Erholung und Naturbeobachtung. Auf dem See gibt es eine ca. 1 ha große Kies- und Schilfinsel – ein vielfältiger Lebensraum für verschiedene Wasservögel.

WÄLDER, WIESEN & RAPSFELDER

Entlang des schönen natürlichen Angerbachtals lässt sich die Bike-Tour durch viele kleine Radwege beliebig erweitern.

gen Innenhof rollen – es lohnt sich. Es gibt dort ausreichende Abstellmöglichkeiten für Fahrräder sowie ein Restaurant mit Außenbereich und einer sehr guten Küche. Die ansehnliche Burg wurde mit mehreren Architekturpreisen bedacht.

Zum Brunnen und weiter nach Knittkuhl

WEITSICHT

Es geht weiter Richtung Ratingen Mitte. Am faszinierenden 7 / Marktplatzbrunnen Ratingen halten wir kurz an. Der Brunnen schmückt seit 1976 den Marktplatz. Auf einer Säule sehen wir die Plastik eines zweigeschwänzten, auf ein Rad gestützten Löwen. Achte bitte hier auf die Verkehrsschilder – rund um den Brunnen ist das Radfahren verboten und man muss das Rad für ein paar Meter schieben. Wir folgen unserer Tour nach Süden, die uns erneut über die A44 führt. Es folgt ein absolutes Highlight: Bei gutem Wetter kannst du auf dieser Anhöhe bis nach Düsseldorf, Ratingen und sogar bis nach Oberhausen im Ruhrgebiet schauen. Der stilvolle Land-

gasthof 8 / Gut Knittkuhle (tgl. ab 12 Uhr, Knittkuhler Str. 20, 40629 Düsseldorf, gutknittkuhle.de) ist nicht nur wegen seiner besonderen Lage eine der begehrtesten Adressen Düsseldorfs. Die Modernisierung 2021 hat den Charme des Hauses wieder hervorgebracht. Du kannst dein Rad abstellen, wir machen eine Gastro-Pause. Du findest im Gut Knittkuhle sowohl im Außen- als auch im Innenbereich mediterran inspirierte Speisen. À la carte und individuell ist hier das Motto. Es gibt auch Kleinigkeiten und Vegetarisches.

Über das Segelfluggelände zur Galopprennbahn

Nach der köstlichen Einkehr steigen wir wieder auf unsere Fahrräder und radeln ein Stück über den Grütersaaper Weg und vorbei am Segelfluggelände Düsseldorf-Wolfsaap. Auch hier hat man einen wunderbaren Weitblick über die grünen Felder und Wiesen. Falls du es nicht schon ahnst, ein Aap ist nach rheinischer Mundart ein Affe bzw. ein alberner Mensch, ein Jeck. Die Jecken ziehen weiter zum nächsten Höhepunkt. Unser Weg führt uns weiter südlich über den Bauenhäuser Weg durch den Aaper Wald zur 9 / Pferderennbahn (Rennbahnstr. 24, 40629 Düsseldorf, duesseldorf-galopp.de). Über die Rennbahnstraße gelangen wir auf das Gelände der geschichts-

FLIEGEN

Beste Aussichten beim Segelfliegen. Du möchtest einmal erleben, wie es ist, ohne Motor zu fliegen? Ein Einführungsflug auf dem Segelflugplatz bietet die Möglichkeit dazu (Flugbetrieb März–Okt., Grütersaaper Weg, 40472 Düsseldorf, wolfsaap.de).

< links / Beim Segelflugplatz grasen Schafe ^ oben / Auf ein Gläschen an der Pferderennbahn

FEIERN AN DER GALOPP-RENNBAHN

Das Teehaus und die oberste Etage der Tribüne kann man für Feierlichkeiten anmieten – ein echter Geheimtipp für jede extravagante Party.

trächtigen Galopprennbahn. Hier finden übrigens auch Radevents wie das „QuerFeldRhein Gravel & Cross", ein Offroad-Radsportfestival der neuen Art, statt. Wir stellen unsere Räder ab, laufen bis zur Haupttribüne, bestellen uns ein prickelndes Kaltgetränk und lassen die Atmosphäre und den schönen Blick aufs Grün auf uns wirken. Auch ohne Veranstaltung ist das ein beeindruckender Ort. Prösterchen!

FRAUEN-STEINE

Im 10 / Aaper Wald wachsen Stieleichen, Rotbuchen, Ahorne, Robinien, Eschen und Birken. Eine besondere Attraktion sind die Frauensteine aus Sandstein auf den Höhen einer alten Endmoräne aus der letzten Eiszeit.

Durch den hügeligen Aaper Wald zurück zum Startpunkt

Nach unserem erfrischenden Sundowner an der Tribüne steigen wir wieder in unseren Sattel und fahren über die Rennbahnstraße ein kurzes Stück zurück. Über den Rolander Weg gelangen wir erneut in den eindrucksvollen 10 / Aaper Wald. Er ist Teil des Düsseldorfer Stadtwalds, liegt im Nordosten des Düsseldorfer Stadtgebiets und zählt wegen seiner Stadtnähe zu den beliebtesten Ausflugszielen. Du musst dir aber keine Sorgen machen, der Wald ist groß genug, um selbst an den Wochenenden und bei bestem Wetter genügend Raum für Ruhe und ausreichend Platz für Radfahrende, Spaziergehende und Hunde zu bieten. Man findet hier jede Menge Gründe für einen spontanen Halt – entweder zum Fotografieren oder einfach nur zum Schauen. Im Aaper Wald gibt es an einigen Stellen eindrucksvolle Ansammlungen von Quarziten, die sogenannten Frauensteine. Es ranken sich geheimnisvolle Mythen und Sagen um die ehemalige Bedeutung der Steingruppen. Großartig – der Wald und die frische Luft. Wir nehmen noch ein paar bewusst tiefe Atemzüge und dann geht es wie auf einer Natur-Achterbahn weiter durch den hügeligen Wald – nur ohne Looping. Wir verlassen das wundervolle Waldgebiet sowie seine sagenumwobenen Geschichten und kommen zum Ende unserer Feierabend-Tour. Mit entspannten Gesichtern rollen wir mit unseren Fahrrädern wieder zurück zum 1 / Bahnhof Düsseldorf-Rath.

START / ZIEL

Bahnhof Düsseldorf-Rath

HINKOMMEN

Auto / Westfalenstr. 92, 40472 Düsseldorf

ÖPNV / Mit der Bahn bis zum Bahnhof Düsseldorf-Rath

➤ **1** / Bahnhof Düsseldorf-Rath ➤ **2** / Grüner See ➤ **3** / Spielplatz ➤ **4** / Angermunder See ➤ **5** / Ratinger Stadtwald ➤ **6** / Wasserburg Haus zum Haus ➤ **7** / Marktplatzbrunnen Ratingen ➤ **8** / Gut Knittkuhle ➤ **9** / Pferderennbahn ➤ **10** / Aaper Wald

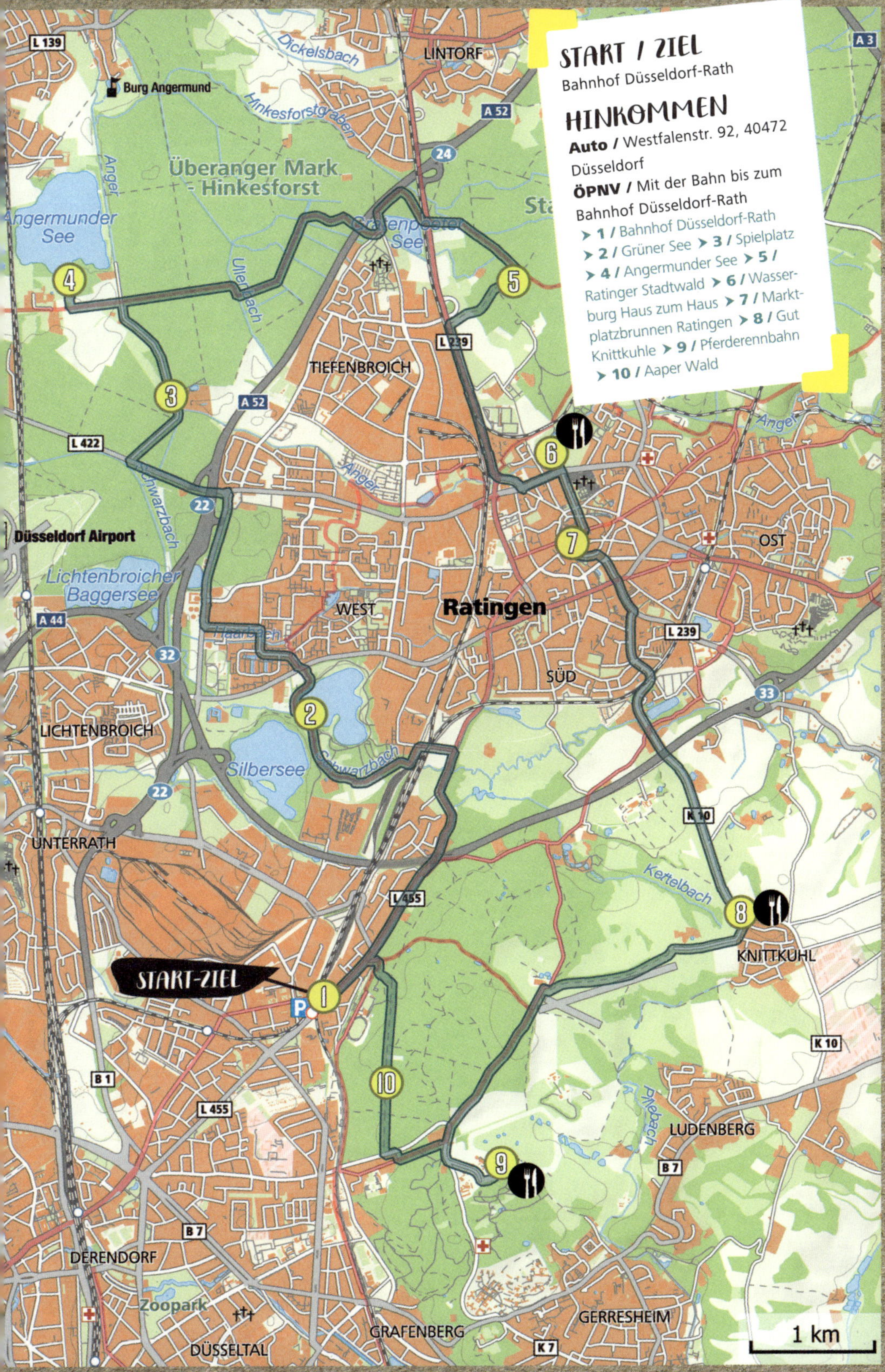

PANORAMA DELUXE!

Ich nutze diese Tour regelmäßig für einen Feierabend-Ride und genieße die phänomenalen Aussichten auf die Sauerländer Landschaft.

➤ **1 /** Startpunkt der Tour ist in Brilon unterhalb des Skihangs Poppenberg

➤ **2 /** Rustikal & gemütlich – die Hiebammenhütte lohnt immer einen Besuch

➤ **3 /** Kurzer Halt auf dem Borberg mit den Ruinen des historischen Kirchhofs

➤ **4 /** Kleine Rast am idyllisch gelegenen Schmalah See bei Brilon-Wald

➤ **5 /** Die kunstvoll gestaltete Feuereiche ist ein Highlight inmitten der Natur

➤ **6 /** Traumhafte Aussicht vom Ginsterkopf auf die Bruchhauser Steine

➤ **7 /** Wir durchfahren das beeindruckende Kyrill-Tor

➤ **8 /** Die Kneippanlage Möhnequelle lädt zum Wassertreten ein

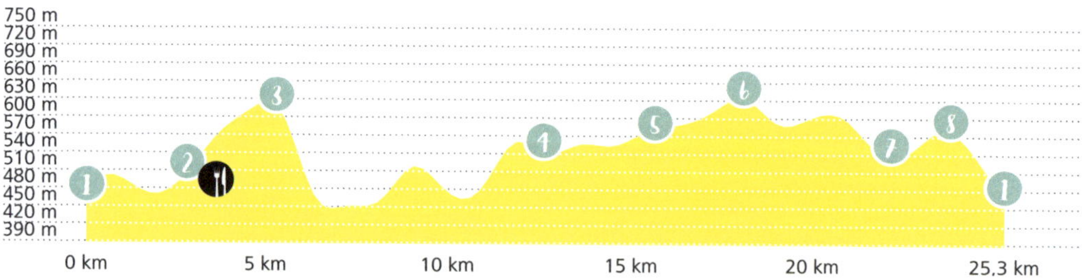

BORBERG & FEUEREICHE

Aussichten im Herzen des Sauerlands

Gespickt mit einer Reihe von steilen Anstiegen, eignet sich diese mittelschwere Trekkingbike-Tour perfekt für einen Feierabend-Ride mit echtem Erlebnischarakter, jeder Menge beeindruckender Natur und vielen Spots, um die Landschaft zu genießen. Wer es entspannter angehen will, macht aus der Tour ohne größere Probleme auch einen Ganztagestrip und plant für die einzelnen Highlights auf der Strecke ein wenig mehr Zeit ein.

25 Kilometer
560 Höhenmeter ▲
560 Höhenmeter ▼
1:15 Stunden
Rundtour

Höhenmeter direkt zum Start

Der Startpunkt unserer Tour befindet sich am Rande der historischen Hansestadt 1 / Brilon. Mit ihrer über 1.000-jährigen Geschichte ist sie eine der bedeutendsten Hansestädte Westfalens und flächenmäßig eine der größten Städte Deutschlands. Eine breit aufgestellte Gastronomie und jede Menge Einzelhandel laden hier zu einem

CHARAKTER

Sportlich ●●●●○
Abkühlung ●●●○○
Schlemmen ●●●●○
Panorama ●●●●●

TOURENINFO / Größtenteils auf geschotterten Waldwegen durch die abwechslungsreiche Landschaft des Sauerlands und daher geeignet für erprobte Genuss- und Trekkingbiker.

◄ links / Vom Ginsterkopf unweit der Bruchhauser Steine genießt man einen traumhaften Ausblick

entspannten Stadtbummel durch die historischen Straßen ein. Vom Parkplatz unterhalb des Skihangs Poppenberg, der im Winter Pistenspaß verspricht, geht es zum Einstieg über größtenteils Teer- und Schotterwege stetig bergauf, ehe bereits nach wenigen Kilometern die idyllisch gelegene 2 / Hiebammenhütte erreicht wird. Sie ist das ideale Ziel für Mountainbiker und Wanderer und eignet sich perfekt für einen Zwischenstopp oder eine kurze Einkehr. Dabei ist es egal, ob man sich für die urige Atmosphäre in der Hütte entscheidet oder doch lieber entspannt im Außenbereich die Zeit verbringt und die umgebende Natur genießt. Für uns ist es aber noch zu früh für eine Pause und wir setzen unsere Tour weiter fort bis hinauf zum 670 Meter hohen 3 / Borberg. Hier erwarten uns die Überreste einer Wallanlage aus dem 9. Jahrhundert, geheimnisvoll wirkende Ruinen einer Kirche aus dem 13. Jahrhundert und die liebevoll gestaltete Briloner Friedenskapelle. Von hier aus kann man einen traumhaften Ausblick über die Sauerländer Landschaft genießen. Immerhin haben wir seit dem Start bereits rund 130 Höhenmeter gemeistert – und das macht sich mit phänomenalen Fernsichten bezahlt. Der Ort zeugt von der langen Geschichte der Region und der engen Verbundenheit der Menschen zum Glauben und zur Religion.

WAS FÜR EINE AUSSICHT

Auf dem 3 / Borberg wartet ein grandioser Blick über die Sauerländer Landschaft inmitten historischer Zeugnisse der langen regionalen Geschichte.

Naturidyll Schmalah See

Zur weiteren Belohnung geht es aber nun erst einmal wieder ein ganzes Stück bergab ins Tal bis zum niedrigsten Punkt der gesamten Tour auf lediglich 420 Höhenmetern und von dort weiter durch die schwingende Landschaft des Sauerlands vorbei am idyllischen Fachwerkdörfchen Elleringhausen mit seinen rund tausend Einwohnern, das, von oben betrachtet, wie aus einem Bilderbuch wirkt.

➤ rechts oben / Angekommen am Borberg, taucht man beim Blick auf die dortigen Ruinen tief in die lange Historie der Region ein ➤ rechts Mitte / Zwei Radfahrer genießen den Zwischenstopp an der Hiebammenhütte

560 HM

So viele Höhenmeter gilt es bei diesem Feierabend-Ride durch das Sauerländer Mittelgebirge rund um Brilon insgesamt zu überwinden.

SO GEHT ENTSPANNUNG

Egal ob kurzer Stopp oder längere Pause - hier am 4 / Schmalah See ist Natur pur angesagt und die Ruhe von Flora und Fauna spürbar.

PAUSE AM SEE

Es ist nur eines von vielen Örtchen dieser Art im Sauerland, deren historische Ortskerne geprägt sind von meist bunt verzierten Fachwerkensembles. Wir folgen der Tour weiter und gelangen so fast genau zur Halbzeit der Feierabend-Runde zum 2,3 Hektar großen 4 / Schmalah See. Hierbei handelt es sich um eine naturnah gestaltete Talsperre am Ende des namensgebenden Schmalah-Tals. Nach ihren Anfängen im Jahr 1905 wurde sie sukzessive erweitert und ausgebaut, bis der heutige Stand in Größe und Ausgestaltung erreicht wurde. Hier kommt man um eine kurze Pause nicht herum, zu einladend wirkt der Blick über den See, umringt von dichten Laub- und Fichtenwäldern. Besonders im Herbst zur Zeit des „Indian Summers" ein beeindruckendes Fotomotiv und ein absolutes Muss für einen Stopp. Entspannen, die Natur genießen und die Ruhe auf sich wirken lassen. An kaum einem Ort geht das besser als hier.

Panoramaaussicht vom Ginsterkopf

Nun heißt es aber wieder kräftig in die Pedale treten, denn der nächste Anstieg wartet bereits. Die Tour macht einen kleinen Schlenker und führt uns nun über breit ausgelegte Schotterwege allmählich zurück zum Ausgangspunkt. Zunächst aber erreichen wir die beeindruckende 5 / Feuereiche, ein 11 Meter hoher, kunstvoll verzierter Eichenstamm. Er wird von einem bronzenen Feuerband umschlungen, das aus dem Boden kommt und bis hoch in die Krone reicht. Dort endet es in einer Flamme, die durch metallisch bunte Titanbleche visualisiert wird. Das Kunstwerk symbolisiert die Entwicklungsgeschichte des Menschen im Kontext der Nutzung des Holzes und des Feuers. Wer genau hinschaut, entdeckt auch die Beschilderung des Rothaarsteigs. Der deutschlandweit bekannte Fernwanderweg mit seinem Startpunkt ebenfalls in Brilon und seinem 156 Kilometer langen Verlauf Richtung Süden bis nach Dillenburg in Hessen schlängelt sich in unmittelbarer Nähe zu unserer Trekkingbike-Tour durch die malerische Sauerländer Landschaft. Lediglich ein paar Hundert Meter weiter wartet mit dem 6 / Ginsterkopf das

11 METER

So hoch ist die atemberaubende 5 / Feuereiche am Wegesrand der Tour und ein idealer Fotospot mit Wiedererkennungswert. Sie symbolisiert die Verbindung des Menschen mit den Themen Holz und Feuer.

< links / Der naturnah angelegte Schmalah-See bei Brilon zählt zu den idyllischsten Talsperren im Sauerland > oben / Die Hansestadt Brilon besticht mit ihren vielen historischen Gebäuden wie bspw. dem Rathaus

SO VIEL ZERSTÖRUNGSKRAFT

Das 7 / Kyrill-Tor zeugt von den Folgen des gleichnamigen Sturms, der über das Sauerland hinwegfegte und Schneisen der Verwüstung hinterließ.

nächste Highlight entlang der Strecke. Denn die Bergkuppe ermöglicht einen weiteren phänomenalen Ausblick über die Landschaft inklusive der Felsformation Bruchhauser Steine, seit 2017 Nationales Naturmonument. Sie gehören ohne Zweifel zu den wohl auffälligsten Naturschauspielen im Sauerland und lohnen ebenfalls einen Ausflug.

Frischekick zum Abschluss

Nachdem wir den Ginsterkopf hinter uns gelassen haben, schlängelt sich der Weg weiter langsam, aber stetig bergab in nördlicher Richtung zurück nach Brilon. Nach rund 22 Kilometern erreichen wir schließlich das beeindruckende 7 / Kyrill-Tor im Briloner Bürgerwald. Als Mahnmal erinnert es an den namensgebenden Orkan und seine Zerstörungskraft, die im Jahr 2007 mehr als 1.000 Hektar des Briloner Stadtwaldes in kürzester Zeit vernichtete. Das Tor selbst besteht aus 14 rund 20 Meter hohen Fichtenstämmen und bringt satte 1,5 Tonnen auf die Waage. Um das Tor herum erstreckt sich der neu entstandene Briloner Bürgerwald. Aus mehr als 30 verschiedenen Baumarten entsteht hier ein einzigartiger Erholungs-, Klima- und Duftwald, der ein wahres Erlebnis für alle Sinne verspricht. Unter dem Motto „Gestalten Sie mit!" kann hier jeder selbst mit anpacken und sich in dieses besondere Projekt einbringen. Circa zwei Kilometer weiter erreichen wir nun den letzten Stopp der Tour. Hier ist Erholung für die mittlerweile müden Knochen angesagt, denn in der 8 / Kneippanlage Möhnequelle mit gleich drei Tretbecken bekommen die Waden einen echten Frischekick und die Durchblutung wird ordentlich angeregt. Denn die Stadt Brilon ist seit 2016 mit dem Titel anerkanntes Kneipp-Heilbad ausgestattet und bietet neben dem zentral gelegenen Kurpark etliche dieser Kneippanlagen. Der perfekte Abschluss für diesen erlebnisreichen Feierabend-Ride, ehe es den letzten Kilometer hinab zum Ausgangspunkt unserer Tour in 1 / Brilon geht.

2016

Seit diesem Jahr ist die Hansestadt 1 / Brilon offiziell Kneipp-Heilbad. Zahlreiche Tretbecken und Parke in der Kernstadt und den Orten bieten Entspannung nach den Lehren von Pfarrer Kneipp. Besonders beliebt: der Kneippwanderweg.

START / ZIEL

Parkplatz unterhalb des Skigebiets Poppenberg in Brilon

HINKOMMEN

Auto / Am Poppenberg, 59929 Brilon **ÖPNV /** Vom Bahnhof Brilon knapp 2 km mit dem Rad nach Süden über Bahnhofstr., KP 12 und Gartenstr.

➤ **1** / Brilon ➤ **2** / Hiebammenhütte ➤ **3** / Borberg ➤ **4** / Schmalah See ➤ **5** / Feuereiche ➤ **6** / Ginsterkopf ➤ **7** / Kyrill-Tor ➤ **8** / Kneippanlage Möhnequelle

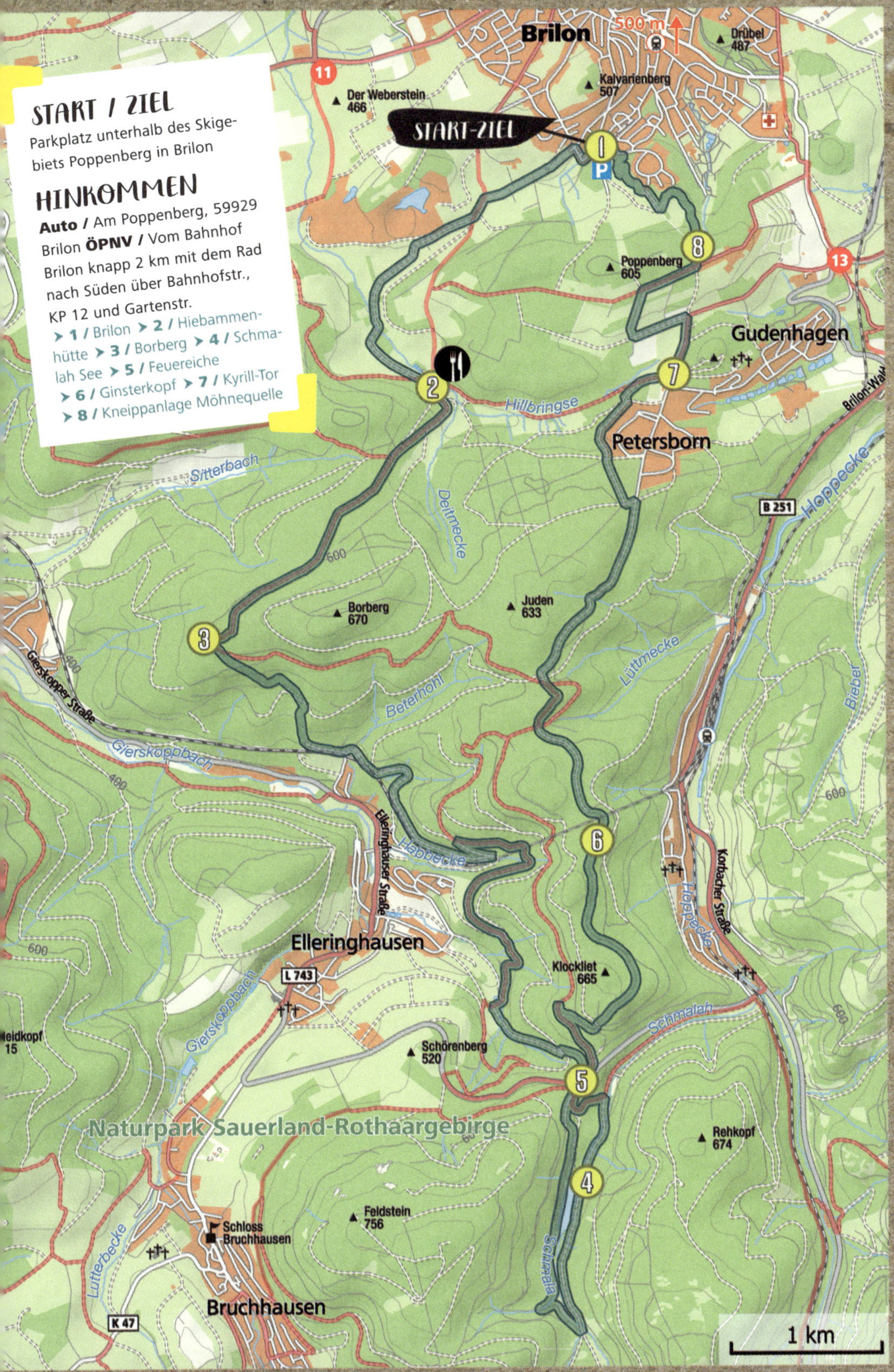

DAS PERFEKTE RADERLEBNIS!

Ich liebe diese kurze Feierabendtour, da sie Radgenuss und landschaftliche Highlights perfekt vereint.

➤ **1 /** Wir starten unsere Tour am Bahnhof in Winterberg

➤ **2 /** Der St. Jakobus Bildstock zeugt von der langen Historie der Region

➤ **3 /** Die Ruhrquelle ist ein absolutes Highlight an der Strecke

➤ **4 /** Der Hillebachsee in Niedersfeld bietet vielfältige Sportmöglichkeiten

➤ **5 /** Assinghausen als Rosendorf punktet mit seinem tollen Ortsbild

➤ **6 /** Entspannung pur im Kurpark in Olsberg

➤ **7 /** Die Tour endet am Bahnhof Olsberg-Bigge

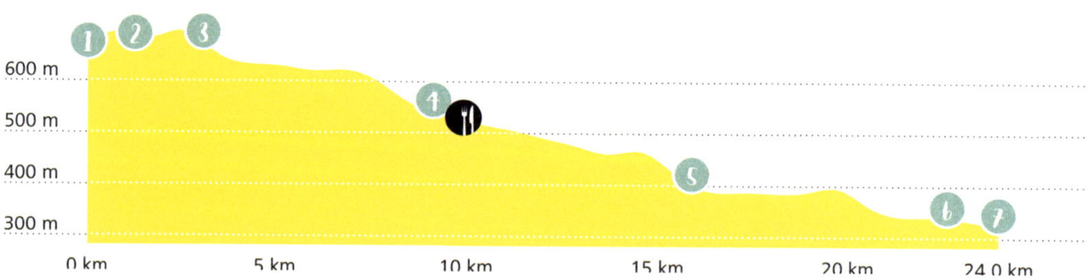

DURCH DAS RUHRHOCH-TAL

Highlights satt zwischen Winterberg und Olsberg

Kurzweiliges Raderlebnis ist auf unserer Tour von Winterberg nach Olsberg angesagt. Eine abwechslungsreiche Landschaft und etliche Highlights am Wegesrand lassen das Radlerherz höherschlagen und gewähren Einblicke in die Region.

24 Kilometer
70 Höhenmeter ▲
400 Höhenmeter ▼
1:45 Stunden
Streckentour

Los geht's in Winterberg

Der Startpunkt unserer Tour liegt am Bahnhof im schmucken Städtchen 1 / Winterberg. Bekannt durch sein breites Wintersportangebot, punktet die höchstgelegene Stadt Nordrhein-Westfalens mittlerweile ganzjährig mit einem breiten Portfolio an Outdooraktivitäten und einer großen Auswahl an Gastronomie und Übernachtungsmöglichkeiten. Hier kommen Radfahrer ebenso auf ihre Kosten wie Wanderer, Familien und Entspannungssuchende. Nun geht es aber los und wir folgen zunächst den Bahnschienen nach links, ehe es an der Jakobusstraße nach rechts weitergeht und

CHARAKTER

Sportlich ●●●●○
Abkühlung ●●●○○
Schlemmen ●●●●○
Panorama ●●●●○

TOURENINFO / Die Route verläuft auf dem Ruhrtalradweg ohne größere Verkehrsbeeinträchtigung. Der Wegeuntergrund ist mehrheitlich geteert mit einzelnen Passagen auf geschotterten Waldwegen. Eignet sich auch gut für Familien.

◂ links / Startpunkt ist der Bahnhof in Winterberg

wir allmählich die Stadt, die übrigens auch den Titel „heilklimatischer Kurort" trägt, verlassen. Besonders schön ist hier der weite Ausblick über die Winterberger Altstadt und den Kur-, Aktiv- und Vitalpark, der langsam vom Wald- und Wiesenpanorama der typischen Sauerländer Mittelgebirgslandschaft abgelöst wird. Hier dominieren dichte Wälder, weite Wiesen und malerische Täler das Landschaftsbild.

Zur Heidenstraße und Ruhrquelle

Ein wenig weiter auf unserer Tour passieren wir den Dumel, einen 720 Meter hohen Berg, an dessen Fuß der 2 / St. Jakobus Bildstock zu finden ist. Die darunter angebrachte Inschrift berichtet von der über 1.000 Jahre alten Heidenstraße, die als historische Heer- und Handelsstraße auf rund 500 Kilometern von Leipzig über Kassel nach Köln führte und in ihrem Verlauf auch Winterberg passierte. Geschichte pur! Durch ein Wäldchen mit einer leicht erhöhten Lichtung radeln wir weiter zur 3 / Ruhrquelle auf 667 Metern Höhe. Was hier als kleiner Bach entspringt, entwickelt sich auf knapp 220 Kilometern Länge zu einem der größten und prägendsten Flüsse Nordrhein-Westfalens und sogar Deutschlands. Hier allerdings ist davon noch recht wenig zu sehen, dafür wirkt die Szenerie umso idyllischer und einladender für ein kleines Päuschen. Das Schöne: Im weiteren Verlauf unserer kleinen Feierabendtour weichen wir dem Nebenfluss des Rheins nicht von der Seite und genießen immer wieder traumhafte Naturmomente am sanft dahinplätschernden Wasser.

SO GEHT ENTSPANNUNG

An der 3 / Ruhrquelle inmitten der grünen Natur lohnt sich ein erster Halt auf der Tour.

Durch den Forst zum Hillebachsee

Nächster Stopp ist die Erlebnisstation „Wald als Wirtschaftsraum", die Einblicke in die Nutzung der heimischen Flächen durch die vielen

---

➤ rechts oben / Blick auf Winterberg und die umliegende Landschaft bei Sonnenaufgang ➤ rechts Mitte / Das schmucke Fachwerkdorf Assinghausen

2018

In diesem Jahr wurde der neu gebaute Bahnhof in 1 / Winterberg offiziell zum „Bahnhof des Jahres" gekürt.

FUN & ACTION

Am 4 / Hillebachsee im Winterberger Ortsteil Niedersfeld kommen die Aktiven unter euch voll auf ihre Kosten.

DURCH SCHATTIGEN WALD

Forstwirte gewährt. Hier und da entdecken wir auch die eine oder andere Liftanlage beispielsweise der Skigebiete Hengstkopf und Ruhrkopf. Im Winter sind sie Orte reger Betriebsamkeit, jetzt strahlen sie aber Ruhe und Idylle aus. Auf kleinen Nebenstraßen geht es kaum merklich bergauf, bis wir die Bundesstraße in einer Links-Rechts-Kombination überqueren müssen, um weiter auf der Route zu bleiben. Nun radeln wir auf abschüssiger Strecke durch den Forst Mark Haarfeld, dessen dichter Baumbestand uns angenehmen Schatten spendet. Links tauchen erneut einige Liftanlagen auf und ein großes Schild macht uns auf die ebenfalls vorhandene Kart-Anlage aufmerksam. Der nächste Ort auf unserer Tour ist Niedersfeld, den wir allerdings nur kurz streifen, da wir uns links entlang des bebauten Ortsgebiets halten. Einen Besuch ist der Winterberger Ortsteil aber allemal wert. Besonderes Highlight ist der 4 / Hillebachsee mit seiner Wasserskianlage. Aber auch für Entspannungssuchende wird hier einiges geboten. Der 1,6 Kilometer lange Rundweg eignet sich perfekt für einen Spaziergang oder zum Inlineskaten. Alternativ genießt man einfach das bunte Treiben bei einem kalten Getränk

und einer kleinen Stärkung von der Seehütte aus. Weiter geht es nun entlang von Feldern und Wiesen. Immer wieder genießen wir den Blick auf die malerische Landschaft, bemerken kleine Besonderheiten in der Natur und lassen uns davon verzaubern. Als nächstes taucht auf der linken Seite die Ortschaft Wiemeringhausen auf. Wer Lust auf einen kleinen Abstecher hat, kann hier noch kurz eine Extraschleife zur Ruine von Burg Wildenstein einplanen. Nordöstlich des Sportplatzes gelegen, ist diese jederzeit zugänglich. Die Überreste dienen heute als Jagdhütte und Grillstand.

In die Rosenstadt

Schon kurze Zeit später wartet mit 5 / Assinghausen das nächste Highlight auf uns. Denn das knapp 700 Einwohner große Dörfchen besticht nicht nur mit seinem sauerlandtypischen Fachwerkscharme, der ihm im Jahr 1989 sogar den Landes- und Bundestitel als „Golddorf" beim Wettbewerb „Unser Dorf soll schöner werden" einbrachte, sondern darf sich seit 2007 auch offiziell Rosendorf nennen. Verliehen wurde der Titel von der Gesellschaft Deutscher Rosenfreunde, die damit Städte, Kreise und Orte auszeichnet, die die Rose als prägenden Ortsbestandteil integrieren und pflegen. Und man sieht schon auf den ersten Blick: Alles wirkt wie ein großer

150

So viele Rosenarten gibt es im kleinen Örtchen 5 / Assinghausen zu bestaunen, das sich nicht ohne Grund offiziell „Rosendorf" nennen darf. Ein wahres Blumenparadies für alle Pflanzenfans inmitten der faszinierenden Fachwerk-Idylle.

< links / Der Kurpark in Olsberg bietet sich für eine Rast an > oben / Von der Ruhrquelle folgen wir dem Fluss bis Olsberg

ERHOLUNG FÜR DIE MÜDEN KNOCHEN

Der 6 / Kurpark in Olsberg bietet alles, was man für Erholung und Entspannung braucht.

Garten. Vier sogenannte „Rosenwege" durchziehen die Ortschaft und gewähren einen Überblick über 150 verschiedene Rosenarten, die die Häuser und Sehenswürdigkeiten schmücken. Beim Durchfahren passieren wir ebenfalls die imposante Kirche mit ihrem markant spitzen Turm, bevor es erneut entlang saftiger Grünflächen in die Natur hinausgeht.

Nach Olsberg

Anschließend fahren wir zwischen den beiden bewaldeten Erhöhungen Heidkopf und Wiedegge hindurch weiter das Ruhrhochtal entlang. Ab Steinhelle begleitet uns wieder die Bahnlinie durch den bewaldeten Taleinschnitt nach Olsberg hinein. Tourismus genießt in der Kommune einen hohen Stellenwert und ist ein wichtiger Wirtschaftsfaktor, ebenso wie der Gesundheitssektor. Heute existieren im anerkannten Kneippkurort mehrere Kliniken und Einrichtungen des Gesundheitssektors wie beispielsweise ein 6 / Kurpark und etliche Kneippanlagen. Auf dem Stadtgebiet befindet sich auch der 843,2 Meter hohe Langenberg. Er ist der höchste Berg in Nordrhein-Westfalen, liegt aber zum Glück nicht auf unserer Route, eignet sich aber ideal, um während einer ausgedehnten Wanderung bestiegen zu werden. Angekommen an einem kleinen Stausee, der der Wasserkraftgewinnung dient, haben wir das Stadtgebiet erreicht. Von hier folgen wir noch immer der Ruhr und passieren das Erlebnis- und Freizeitbad AquaOlsberg, ehe wir den Fluss überqueren und schlussendlich verlassen. Geradeaus geht es für uns auf den letzten Metern noch am Fußballstadion der Kurstadt vorbei und dann nach links zum 7 / Bahnhof Olsberg-Bigge. Von hier geht es dann wahlweise mit dem Zug direkt wieder zurück zu unserem Ausgangspunkt nach Winterberg oder wir runden die kleine Feierabendtour noch mit einem kurzen Bummel durch die Straßen ab, suchen uns ein Restaurant für eine wohlverdiente Stärkung und genießen so die Abendstimmung noch ein wenig länger.

843 METER

Der Langenberg bei Olsberg ist der höchste Berg in Nordrhein-Westfalen, auch wenn er immer im Schatten seines minimal niedrigeren Kollegen „Kahler Asten" steht. Ein echter Geheimtipp für eine Wanderung im Sauerländer Mittelgebirge.

START
Bahnhof Winterberg (Westf)

ZIEL
Bahnhof Bigge

HINKOMMEN
Auto / Parkplätze am Bhf., Bahnhofstraße 12, 59955 Winterberg **ÖPNV /** Mit dem Zug bis Bhf. 59955 Winterberg

➤ **1 /** Winterberg ➤ **2 /** St. Jakobus Bildstock ➤ **3 /** Ruhrquelle ➤ **4 /** Hillebachsee ➤ **5 /** Assinghausen ➤ **6 /** Kurpark ➤ Bahnhof Olsberg-Bigge

À LA FRANÇAISE

Ich fahre bereits seit Kindertagen mit dem Rad zum Schloss. In unserer Familie nannten wir es scherzhaft „unser Wochenendhaus".

➤ **1 /** Start der Tour ist an der Bahnhaltestelle Bayenthalgürtel

➤ **2 /** Marienburg ist das teuerste Pflaster von Köln mit Promi-Anwohnern

➤ **3 /** Der Äußere Grüngürtel umspannt den äußeren Kern der Domstadt

➤ **4 /** Im Schloss Augustusburg in Brühl ließ man es sich damals gut gehen

➤ **5 /** Im Brühler Wirtshaus im Schloss können wir unsere Gaumen verwöhnen

➤ **6 /** Hürth ist ein begehrter Wohnort mit bezahlbaren Mietpreisen

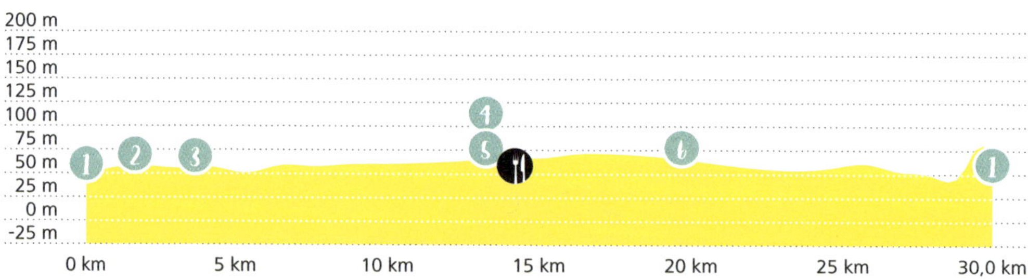

MEISTERWERK DES ROKOKO

Es geht zum schönsten Schloss in Nordrhein-Westfalen

Vom Bayenthalgürtel geht's am Rhein entlang, durch den Grüngürtel über Meschenich nach Brühl zum einzigartigen Schloss Augustusburg. Der Schlosspark mit seinen atemberaubenden Bepflanzungen zählt zu den schönsten Europas. Das Zentrum von Brühl gleich um die Ecke bietet viele Cafés und Restaurants. Dann über Hürth zurück.

30 Kilometer
50 Höhenmeter ▲
50 Höhenmeter ▼
1:45 Stunden
Rundtour

Start in Bayenthal

Die Tour führt vom 1 / Bayenthalgürtel zunächst ein kurzes Stück am Rhein entlang und geht später rechts ab Richtung Forst Botanischer Garten. Der Stadtteil Bayenthal ist eher gehoben und gehört zum Bezirk Rodenkirchen. Im 19. Jahrhundert wurden hier unter anderem Dampfmaschinen gebaut. Übrigens ist Köln als Industrie- und Erfinderstadt bekannt, so wurde in Deutz der Otto-Motor erfunden und entwickelt. Zudem gab es in Bayenthal einige Brauereien, die das typische Bier für Köln, das Kölsch, brauten. Zum Brauen des Kölsch gibt es feste Regeln. So darf sich das

CHARAKTER
Sportlich ●●●○○
Abkühlung ●●○○○
Schlemmen ●●●●○
Panorama ●●●●●

TOURENINFO / Die Tour führt durch den Grüngürtel und über Radwege zum Ziel.

← links / Schloss Augustusburg, eine der ersten bedeutenden Schöpfungen des Rokoko in Deutschland

Bier nur Kölsch nennen, wenn es obergärig und nicht weiter als 10 km vom Zentrum der Stadt entfernt gebraut wurde. Es wird im Gegensatz zum bayerischen Bier in schmalen Gläsern serviert, die unsere Freunde aus Süddeutschland allzu gerne als Reagenzgläser mit Obergärigem bezeichnen. Apropos, auch in Köln begeht man einmal pro Jahr ein Oktoberfest außerhalb der Stadt mit Bottichen voll bayerischem Bier und riesigen Weißwürscht.

Durch den Grüngürtel

Wir befinden uns schon am Anfang des Grüngürtels vorbei an 2 / Marienburg. Der teure Stadtteil ist auch als das Beverly Hills von Köln bekannt, da hier viele Prominente zu Hause sind und waren, Tina Turner lebte beispielsweise einige Jahre hier. Auch viele Fußballstars, die stets bemüht sind, für den 1. FC Köln mit einem Tritt oder mehreren das Runde ins Eckige zu schießen, haben sich hier niedergelassen. Wir radeln weiter durch den 3 / Äußeren Grüngürtel. Der gesamte Grüngürtel hat unter Einbeziehung beider Rheinseiten eine Länge von 50 km, Sportanlagen, Restaurants, Radwege und künstlich angelegte Seen reihen sich aneinander. Ungefähr bei Kilometer 4 biegen wir nach links in die Brühler Landstraße/B 51 ab. Am straßenbegleitenden Radweg durch den Stadtteil Rondorf geht es vorbei an kleinen Ortschaften wie Höningen mit sehr dörflichem Charakter. Ringsum befinden sich ehemalige Gutshöfe und Bauernhöfe, die man in den 2000er-Jahren zu Wohnungen mit sehr schönen Innenhöfen, bepflanzt mit Apfelbäumen und blühenden Blumen, umgebaut hat. Wir folgen der Straße nach Meschenich, wo wir die Bundesstraße verlassen, um in einer S-Kurve den Ort zu erkunden.

PREUSSISCHE RESTE

Das Kölner Festungsmuseum passieren wir, wenn wir in den 3 / Äußeren Grüngürtel einfahren. Es befindet sich zum Teil noch im Aufbau. Es wird die gesamten preußischen Festungsanlagen in Köln dokumentieren und präsentieren.

➤ rechts oben / Etwas abseits unserer Route liegt in Marienburg die architektonisch interessante Kirche St. Maria Königin ➤ rechts Mitte / Unterwegs auf dem Äußeren Grüngürtel

VILLEN-
KOLONIE

Gleich hier fängt der Stadtteil 2 / Marienburg an. Eine Villa neben der anderen und ein Mix aus alter und neuer Architektur, genau wie im gesamten Köln. Viele Prominente lebten und leben in diesem Teil der Stadt.

PRUNKVOLLER PICKNICKPLATZ

Nicht nur innen im 4 / Brühler Schloss, sondern auch im Schlosspark können wir eine schöne Zeit verbringen. Auch „sauberes" Picknicken im Park ist erlaubt.

Zum schönsten Schloss in NRW

Weiter nach Süden parallel zur Brühler Landstraße, die in die Kölnstraße übergeht, ereichen wir Brühl und biegen nach zweimaliger Querung der Bahngleise beim Jüdischen Friedhof links ab. Über die Jordanstraße und ihre Verlängerung nach rechts und vor dem Bahnhof von Brühl unter den Gleisen hindurch erreichen wir bei Kilometer 13 das Brühler Wirtshaus am Schloss und 4 / Schloss Augustusburg. Die Einkehr heben wir uns für nach dem Schlossbesuch auf. Schloss Augustusburg wurde ursprünglich als Wasserburg und Bollwerk gegen die Stadt Köln im 14. Jahrhundert erbaut. Dieser zum UNESCO-Kulturerbe zählende Prachtbau des Rokoko wurde in der Tat zu einem wahren Meisterwerk umgebaut. Eine Führung ist sehr zu empfehlen, der Prunk der Innenräume ist wirklich betörend. Die Besichtigung ist nur in Zusammenhang mit einer Führung möglich, die im Eintrittspreis enthalten ist (9 € Erw./7,50 € erm., 5 € Schüler/

BAROCKE FRANZÖSISCHE GARTENKUNST

Studierende, 20 € Fam. mit Familienkarte). Der riesige Schlosspark, der sich in alle Richtungen hin erstreckt und bis in den Wald reicht, erinnert verblüffend an alte französische Schlossgärten. Das ca. 2 km entfernt gelegene Jagdschloss Falkenlust gehört ebenfalls zum Brühler Schloss und wird gerne mitbesichtigt, zählt die Anlage doch zu den schönsten Europas. Der Schlosspark von Augustusburg und Falkenlust gilt wegen seiner sorgfältigen Rekonstruktion als eines der authentischsten Beispiele barocker französischer Gartenkunst des 18. Jahrhunderts in Europa und als Denkmal der Gartenkunst von internationalem Rang.

Fürstliche Einkehr

Sehr empfehlenswert ist das 5 / Brühler Wirtshaus am Schloss neben dem Bahnhof von Brühl, mit einem schönen, großen Biergarten und sehr gutem Essen sowie aufmerksamem Service (Reservierung ratsam). Von simplen warmen Brezen mit Kräuterbutter über Lachsgerichte bis hin zu Riesengarnelen, Steaks, Tapas und typisch rheinischen Spezialitäten kann man sich hier gehobenere Küche zu Gaumen führen. Anschließend wieder vorbei am hinter

REIT-FREUDEN

Rechts der Brühler Landstraße kurz nach Höningen liegt das Gut Konrader Hof. In der Pferdepension wird untern anderem auch Reitunterricht angeboten.

< links / Nicht nur das Schloss, auch der Schlossgarten ist ein wahres Kunstwerk ^ oben / Wir starten und beenden unsere Tour im Kölner Stadtteil Bayenthal

RAD-SPORTLER

In 6 / Hürth sind einige prominente Radsportler und Radsportlerinnen zu Hause, die auch an internationalen Rennen teilnehmen.

Bäumen versteckten Max-Ernst-Museum und am Schloss nähern wir uns nicht weit der Altstadt von Brühl mit ihrer Fußgängerzone, die mit etlichen Cafés und Restaurants aufwarten kann. Viele Geschäfte laden zu einem kleinen Stadtbummel ein.

KM 24

Der Kalscheurer Weiher zählt zu den insgesamt vier künstlich angelegten Gewässern im 3 / Grüngürtel. Auch er ist Bestandteil des Naturschutzgebietes. Der direkt am See gelegene Kiosk bietet Snacks und Getränke, um sich vielleicht auch für eine Bootsfahrt zu stärken.

Über Hürth zurück zum Start

Über „An der Synagoge“ und immer weiter nach Norden verlassen wir Brühl und radeln bei Kilometer 19,5 durch 6 / Hürth, das mit dem Kölner Radsport eng verbunden ist, wohnen und trainieren hier doch Radprofis wir Andre Greipel und andere durch die Tour de France bekannt gewordene Radrennfahrer. Köln war Anfang des 20. Jahrhunderts eine Radsportmetropole von internationalem Rang. Bekannt aus jener Zeit ist vor allem der Bahnradsport-Weltmeister Albert Richter. Er lehnte sich gegen das Naziregime auf, indem er sich weigerte, die Hand zum Deutschen Gruß zu erheben und ließ sich unbeirrt von seinem jüdischen Trainer Ernst Berliner betreuen. Albert Richter bezahlte den Widerstand mit seinem Leben. Es ist wichtig, diesen mutigen Menschen in Erinnerung zu behalten. Die Eifelstrecke und die A4 querend kommen wir zurück in den Grüngürtel. Wo wir auf den Herweg stoßen, biegen wir links ab, um über die Brühler Straße und den Raderberggürtel zurück zum Ausgangspunkt zu gelangen.

START / ZIEL

Haltestelle Bayenthalgürtel

HINKOMMEN

Auto / Parktaschen Bayenthalgürtel, Parkplatz Raderberggürtel
ÖPNV / Köln Hbf – Haltestelle Bayenthalgürtel

➤ **1** / Haltestelle Bayenthalgürtel ➤ **2** / Marienburg ➤ **3** / Äußerer Grüngürtel ➤ **4** / Schloss Augustusburg Brühl ➤ **5** / Brühler Wirtshaus am Schloss ➤ **6** / Hürth

BERGBAU-EINBLICKE

Diese Tour gibt dir einen Einblick in den Steinkohlebergbau des Aachener Reviers und lässt dich im Tierpark und an der Wurm durchatmen.

- **1 /** Am Parkplatz Carl-Alexander-Park in Baesweiler ist unser Start und Ziel
- **2 /** Geschützte Natur im Schutzgebiet Wurmtal erleben
- **3 /** Wirf einen Blick auf die Baalsbrugger Mühle
- **4 /** Leg eine Pause im Restaurant Seehof ein
- **5 /** Durch den Tierpark Alsdorfer Weiher schlendern
- **6 /** Auf's Boot umsteigen am Boat House
- **7 /** Staune über das Fördergerüst Hauptschacht Anna
- **8 /** Erspüre am Franzschacht 898 m Tiefe
- **9 /** Genieße die Gastronomie im Restaurant Eduard
- **10 /** Im Museum Energeticon entdeckst du alles zur Energiewende
- **11 /** Vom Carl-Alexander-Park zur Aussichtsplattform wandern
- **12 /** Schick dinieren im Restaurant CAP 21

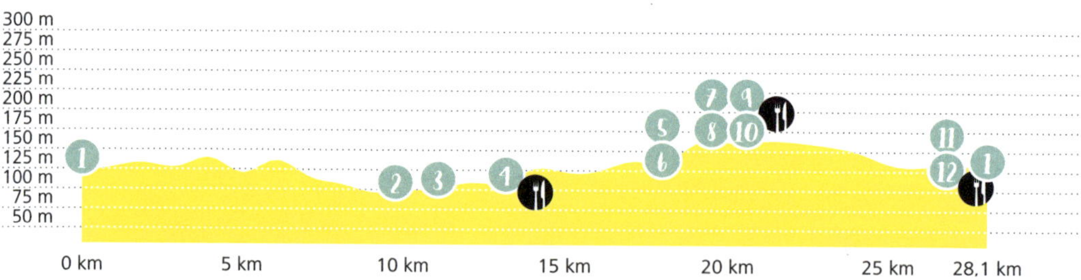

MAULWURFLAND

Kohlehalden-Hopping im Aachener Revier

Diese Tour führt dich entlang ehemaliger Steinkohlebergwerke und ihrer weithin sichtbaren Halden, die wie Maulwurfshügel über das Aachener Revier verteilt sind. Dabei bekommst du Einblicke zu Energieformen und Ausblicke über die flache Landschaft.

28 Kilometer
120 Höhenmeter ▲
120 Höhenmeter ▼
2 Stunden
Rundtour

Kohlehalden

Los geht's in Baesweiler am 1 / Parkplatz Carl-Alexander-Park links bergauf zum Kreisverkehr. Wir nehmen die erste Ausfahrt rechts Richtung Carl-Alexander-Park und nutzen den Radweg bis Knotenpuntkt (KP) 53. Den Ausblick von der Bergehalde Carl-Alexander gegenüber heben wir uns für das Ende unserer Tour auf. Wir rollen entlang der Bergehalde Richtung KP 34 Herzogenrath, unsere Route führt uns bald durch Holthausen. Über die querende Thornstraße geht's geradeaus auf dem asphaltierten Wirtschaftsweg weiter entlang einiger Felder. Linkerhand taucht

CHARAKTER

Sportlich ●●○○○
Abkühlung ●●●○○
Schlemmen ●●●○○
Panorama ●●●●○

TOUR, DIE DU SO NIE GEMACHT HÄTTEST

TOURENINFO / Flache Tour mit wenig Höhenmetern und guten Oberflächen. Meist asphaltiert, gut für Familien mit Anhänger fahrbar.
E-Bike-Ladestelle: 10 / Museum Energeticon 3 x Schuko

◂ links / Von der Bergehalde Carl-Alexander das ganze Aachener Revier im Blick

bereits der nächste Hügel auf, die Bergehalde Grube Adolf. In seine Richtung abbiegend erreichen wir KP 34 und biegen rechts ab Richtung KP 33 Herbach.

TOUR, DIE DU SO NIE GEMACHT HÄTTEST

Durchs Wurmtal

Über einen gepflasterten Weg führt uns der Weg kurz mit starkem Gefälle bergab und links Richtung HZ-Herbach zum KP 33. Weiter rechts Richtung KP 35 Wurmtal befinden wir uns auf einem Teilstück der West-Bike Route. Wir fahren durch Herbach an einem Kriegerdenkmal vorbei weiter geradeaus und überqueren die Hauptstraße. Vor Hofstadt folgen wir der Rechtskurve. Wir umrunden nun den Hügel der ehemaligen Braunkohle-Abgrabung Ottilie. Es geht rasant bergab durch den Rimburger Wald zum KP 35 und links weiter Richtung KP 42 HZ-Zentrum. Der Weg wird bald unbefestigt, über Bahngleise hinweg radeln wir entlang eines Sandsteinblocks der Nivelsteiner Sandwerke weiter, begleiten nun ein Stück den Fluss Wurm bis zum KP 42 und halten uns dem 2 / Schutzgebiet Wurmtal folgend Richtung KP 22 Herzogenrath. Die hier natürlich mäandrierende Wurm markiert in diesem Bereich die Grenze zwischen Deutschland und den Niederlanden. Am KP 22 biegen wir rechts ab Richtung KP 20 HZ-Zentrum. Auf der rechten Seite liegt die 3 / Baalsbrugger Mühle hinter einer kleinen Brücke, von der ein Wanderweg entlang der Wurm startet. Wir bleiben auf der Straße und befinden uns einige Meter weiter in den Niederlanden – für etwa 800 m, denn dann sind wir bereits wieder in Deutschland. Nach einer Kirche wenden wir uns von KP 20 links Richtung KP 18 Alsdorf, unterqueren eine markante Eisenbahnbrücke und biegen nach dem Kreisverkehr rechts in die für Radfahrer freie Fußgängerzone von Herzogenrath. Von KP 18

ABTEIMÜHLE

Die mehr als 900 Jahre alte 3 / Baalsbrugger Mühle ist die einzige Abteimühle der Niederlande. Sie war bis zur französischen Zeit im Besitz der Abtei von Rolduc.

➤ rechts groß / Bergehalden durchziehen die weite flache Landschaft wie Maulwurfshügel ➤ rechts klein / Im Schutzgebiet Wurmtal stoßen wir auf Biberspuren

KM 9

Das 2 / Schutzgebiet Wurmtal ist eins der wenigen Gebiete in Deutschland mit einem natürlich mäandrierenden Flussabschnitt, sodass du dein Rad kurz abstellen solltest, um durch ein Gatter zum kleinen Fluss Wurm hinabzugehen. Hier lebt auch der Biber, gut an seinen Nagespuren an den Bäumen zu erkennen.

EINTRITT FREI IM TIERPARK

Im 5 / Tierpark Alsdorfer Weiher kannst du Waschbären und Lamas beobachten, Kinder können im Streichelzoo Ziegen kraulen. Spende willkommen!

TOUR, DIE DU SO NIE GEMACHT HÄTTEST

geht's links weiter Richtung KP 25 Alsdorf über Broichbachtal. Wir folgen der Route über den Parkplatz Bergerstraße und biegen vor einem Weiher links ab. Vorher pausieren wir beim 4 / Restaurant Seehof mit seiner hübschen Seeterrasse (Mi–Fr ab 17 Uhr, Sa–So ab 11.30 Uhr, Erkensmühle 21, 52134 Herzogenrath). Wir begleiten den Weiher weiter am Parkplatz entlang und biegen rechts ab. Vor dem nächsten Parkplatz nehmen wir rechts den schmalen Abzweig, um dann der Radmarkierung Richtung HZ-Noppenberg zu folgen. Ein Stück am Seeufer radelnd folgen wir dem Waldweg durch das Broichbachtal, dessen 8,2 km langer Broicher Bach ein Zufluss der Wurm ist. Wir erreichen in Noppenberg eine Kapelle, radeln nun geradeaus Richtung KP 27 Alsdorf und überqueren einen kleinen Bach auf unbefestigtem Weg.

Am Alsdorfer Weiher

Am Wegekreuz fahren wir links und erreichen KP 27, um unseren Weg rechts Richtung KP 63 Alsdorf fortzusetzen und schließlich auf

einem Radweg Alsdorf zu erreichen. Links von uns befindet sich ein weiterer Maulwurfshügel, die Bergehalde Anna. Wir überqueren etwa 400 m weiter die Straße rechts über die Ampel und gelangen zum 5 / Tierpark Alsdorfer Weiher (kostenfrei zugänglich, tgl. 10–18 Uhr, Theodor-Seipp-Straße, 52477 Alsdorf). Gegenüber liegt das 6 / Boat House (ab März Mi–Fr 14–19.30, Ferien ab 11, Sa–So 11–20 Uhr), hier kannst du Tretboote leihen, Adventure-Minigolf spielen und etwas Kühles trinken. Wir folgen dem Radweg zurück bis zur Ampel, überqueren die Straße und fahren rechts bis zu einer weiteren großen Kreuzung mit KP 63, die wir überqueren, um dann sofort links den Radweg bergauf zu radeln. Nach Überquerung des Bahnübergangs befinden wir uns wieder auf der Radroute, nun Richtung KP 28. Wir folgen ihm, indem wir die Straße überqueren, ein Stück bergan fahren und die Straßenseite wechseln.

898 M

So tief führte der 8 / Franzschacht nach unten. Hier stehst du auf einer vertieften kreisrunden Fläche genau dort, wo er einst in die dunkle Tiefe hinabführte. Das aktuell höchste Gebäude der Welt, der Burj Kalifa in Dubai, ist zum Vergleich „nur" 828 m hoch.

Energieerlebnis

Am Steigerweg machen wir einen Abstecher zum bereits in Sicht befindlichen 7 / Fördergerüst Hauptschacht Anna und stehen in der

---

< links / Das Boat House am Alsdorfer Weiher lädt mit Tretbooten zum Ausspannen ein ^ oben / 898 m tief war der Franzschacht der Grube Anna, der hier unterm Rad liegt

Energiewandel

Im **10 / Museum Energeticon** erfährst du alles über den Bergbau der Region Aachen sowie den Wandel von fossiler und atomarer Energie zu regenerativen Formen.

Mitte des Platzes auf dem früheren 8 / Franzschacht. Wir fahren zurück zur Straße und folgen dem rötlich gepflasterten Radweg rechts. Dabei passieren wir den markanten alten Wasserturm, erreichen nach ihm einen Kreisverkehr und überqueren die Straße zum gegenüberliegenden 9 / Restaurant Eduard (Mi–Do 11–22, Fr–Sa 11–23, So 11–21 Uhr, Konrad-Adenauer-Allee 7, 52477 Alsdorf), in dem du prima rasten kannst. Es liegt im gleichen Gebäude wie das anschaulich über die Energieformen aufklärende 10 / Museum Energeticon (Di–So 11–17 Uhr, Eintritt 8 €, ermäßigt 5 €). Das Museum will nicht nur junge Menschen für die Engergiewende begeistern. Wir fahren wieder zum Kreisverkehr und radeln Richtung KP 59 Baesweiler. Dabei halten wir uns zunächst immer geradeaus und umfahren verwinkelt die Alsdorfer Burg, eine typisch rheinische Wasserburg aus dem 15. Jahrhundert, die heute als Standesamt dient. Etwas weiter erreichen wir KP 59 und halten uns links Richtung KP 58 Baesweiler. In Baesweiler passieren wir KP 58 in Richtung KP 54, um schließlich an einem Kapellchen links abzubiegen. Wir bleiben bis zum KP 54 auf dem Radweg durch die Stadt und halten uns nun Richtung KP 53, um im Kreisverkehr Richtung Carl-Alexander-Park geradeaus zu fahren. Wieder am KP 53 vom Beginn unserer Tour angelangt, radeln wir diesmal den Zickzackweg hinauf zum 11 / Carl-Alexander-Park mit seinem markanten roten Gebäude und einem ausgedehnten Spielplatz. Auf der Terrasse des im Gebäude befindlichen Barbaros (tgl. 12–24, So bis 22 Uhr, Carl Alexander Park, 52499 Baesweiler) genießen wir einen Kaffee. Vom Gebäude aus kannst du optional einen tollen Weg hinauf zum Aussichtspunkt der Halde gehen. Zurück am KP 53 fahren wir zurück zum Kreisverkehr. Am rechterhand gelegenen 12 / CAP 21 (Di–Do, So 9–22, Fr–Sa 9–23 Uhr, Carl-Alexander-Pl. 1, 52499 Baesweiler) können wir hervorragend essen, bevor wir über den Kreisverkehr bergab nach 200 m unseren Parkplatz erreichen.

Panorama

An der Bergehalde 11 / Carl-Alexander-Park wartet noch ein Highlight: 80 Höhenmeter führen dich teils durch Baumkronen über Treppen mit Schwebestegen hinauf zu einem fantastischen Panorama. Wie Maulwurfshügel liegen die umliegenden Bergehalden vor uns.

Tour, die du so nie gemacht hättest

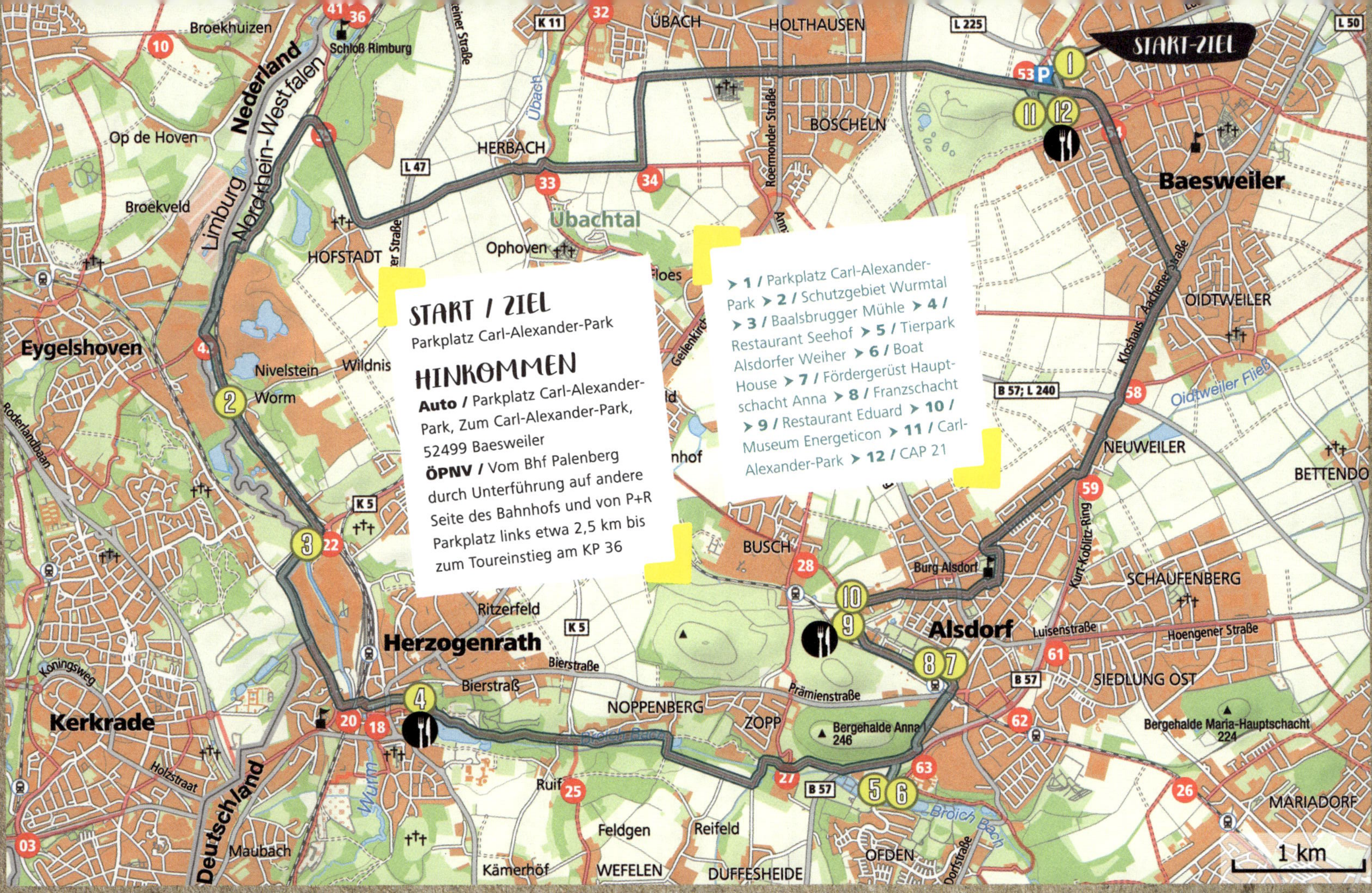

START / ZIEL

Parkplatz Carl-Alexander-Park

HINKOMMEN

Auto / Parkplatz Carl-Alexander-Park, Zum Carl-Alexander-Park, 52499 Baesweiler
ÖPNV / Vom Bhf Palenberg durch Unterführung auf andere Seite des Bahnhofs und von P+R Parkplatz links etwa 2,5 km bis zum Toureinstieg am KP 36

➤ **1 /** Parkplatz Carl-Alexander-Park ➤ **2 /** Schutzgebiet Wurmtal ➤ **3 /** Baalsbrugger Mühle ➤ **4 /** Restaurant Seehof ➤ **5 /** Tierpark Alsdorfer Weiher ➤ **6 /** Boat House ➤ **7 /** Fördergerüst Hauptschacht Anna ➤ **8 /** Franzschacht ➤ **9 /** Restaurant Eduard ➤ **10 /** Carl-Museum Energeticon ➤ **11 /** Carl-Alexander-Park ➤ **12 /** CAP 21

KOPF DURCHPUSTEN

Alleine, zu zweit, in der Gruppe – eine Feierabend-Tour lässt den Alltag vergessen.

MEHR ERFAHREN

SPANNENDE TAGESTOUREN, DIE JEDER SCHAFFT

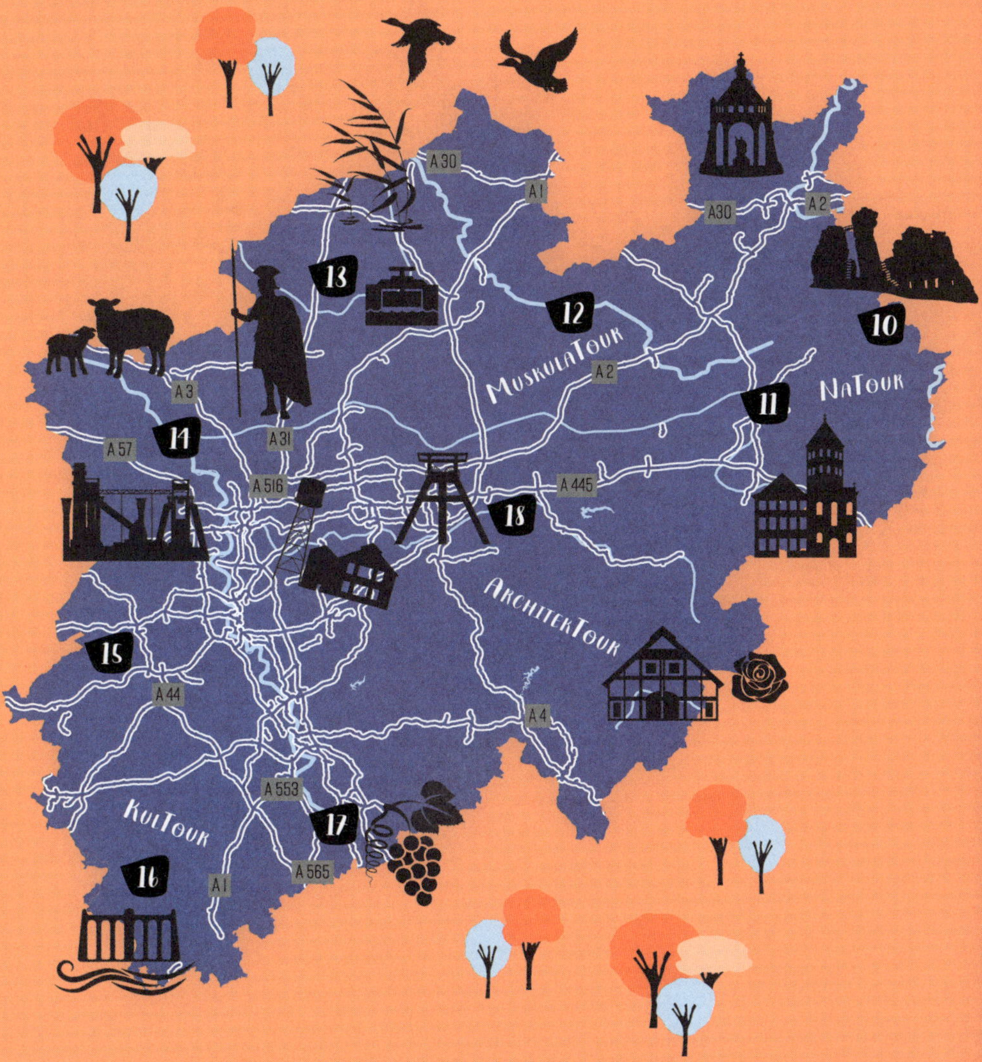

FANTASTISCHES NATURWUNDER!

Ich radle diese Tour besonders gern, da sie neben dem grandiosen Höhepunkt Externsteine sehr entspannt am Schiedersee beginnt und endet.

➤ **1 /** Unsere Tour beginnt und endet am Parkplatz Schiedersee

➤ **2 /** Kaffee mit Seeblick genießen im Restaurant Seeterrasse

➤ **3 /** Den Barockgarten von Schloss Schieder bestaunen

➤ **4 /** Mal Pause machen am Radfahrer-Rastplatz

➤ **5 /** Mystik verspüren an den skurrilen Externsteinen

➤ **6 /** Eine Audienz genießen bei Pauline Fürstin zur Lippe

➤ **7 /** Durchradle Lippes einziges erhaltenes Stadttor Niederntor

➤ **8 /** Durchatmen am Rathaus Blomberg, einer Fachwerk-Augenweide

➤ **9 /** Italienisches und Spezialitäten gibt's im Ristorante La Piazza

➤ **10 /** Halt machen an der Burg Blomberg aus dem 13. Jahrhundert

➤ **11 /** Auf Bahntrassenwegen wie diesem ist Radfahren Freude pur

➤ **12 /** Auszeit genießen am Schiedersee

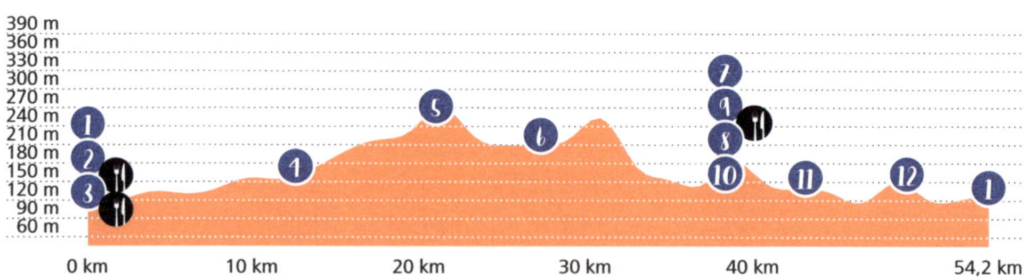

EXTERNSTEIN-MAGIE

Mystik im Teutoburger Wald

Vom Schiedersee aus geht's über Felder und Wälder zu einem ganz und gar mythischen Ort, den Externsteinen. Von dort radeln wir über Blombergs historische Fachwerkaltstadt zurück und krönen unsere Tour mit einer Seeumrundung.

54 Kilometer
390 Höhenmeter ▲
390 Höhenmeter ▼
3:15 Stunden
Rundtour

Fürstenresidenz Schieder

Wir starten unsere Tour vom 1 / Parkplatz Schiedersee beim direkt am Ufer des Schiedersees gelegenen 2 / Restaurant Seeterrasse (Regelweg 2, 32816 Schieder-Schwalenberg). Beginne deine Tour doch mit einem gemütlichen Kaffee auf der Außenterrasse mit direktem Seeblick! Vom Parkplatz aus begleiten wir das Ufer Richtung Ausfahrt, bis wir nach links über eine kleine Brücke das untere Ende des ausgedehnten Schlossparks Schieder erreichen. Wir radeln den ausgedehnten Park geradewegs hinauf bis zum hübschen Schloss mit seinem eindrucksvollen Barockgarten. Im Sommer

CHARAKTER
Sportlich ●●●○○
Abkühlung ●●●●○
Schlemmen ●●●●○
Panorama ●●●●●

TOURENINFO / Weitgehend auf guten Radwegen, ab und an kurze Verbindungsstücke auf Straßen. Untergrund ist bis auf Externsteine und Bahntrassenweg meist asphaltiert. Für Familien mit Anhänger geeignet, aber Höhenmeter im letzten Drittel beachten. Badesachen mitnehmen!

◂ links / Man kann sich der Magie der Externsteine kaum entziehen

lädt freitags bis sonntags ein Café mit hübschen Außenplätzen in toller Kulisse ein. Wir orientieren uns von 3 / Schloss Schieder (Im Kurpark 1, 32816 Schieder) am Radwegweiser Richtung Steinheim. Der Radweg führt uns nun entlang der Fürstenroute-Lippe bergan und bergab. Wir wechseln auf den linksseitigen Radweg und folgen vor Wöbbels Kirche links wie bislang der Radroute nach Steinheim und später Richtung Billerbeck.

Weite Felder

Eine weitläufige Feldlandschaft mit kleinen Gehölzen begleitet uns, bis wir uns in Billerbeck am Gasthof Zur Post rechts auf die Steinheimer Straße wenden. Am Ende des Radwegs überqueren wir sie und folgen der Radroute 1 Steinheim. Die gelbe Radbeschilderung beachtend biegen wir sofort rechts ab und erreichen einen liebevollen 4 / Radfahrer-Rastplatz. Der glatte Radweg führt uns nach Vahlhausen, in dessen Ortsmitte wir links einen 100 m steil ansteigenden schmalen Wirtschaftsweg Richtung Ottenhausen nehmen, um der Feldlandschaft nach rechts zu folgen, während Greifvögel hoch oben ihre Runden ziehen. Vorbei am kleinen Friedhof wechseln wir bald die Straßenseite auf den rechtsseitigen Radweg Richtung Horn.

RADPAUSEN-GLÜCK

So darf ein 4 / Radfahrer-Rastplatz sein. Abseits der Straße mit Bank und Tisch versüßt ein riesiges Fahrrad das Bild – Pause ist beinahe Pflicht.

Magische Externsteine

Wir überqueren die Bahngleise Richtung Historischer Stadtkern und folgen danach statt der Autoroute auf der Externsteiner Straße links der Radroute Richtung Externsteine. Sie führt uns mit ihren rot-weißen kleinen Wegweisern sicher durch ein Wohnviertel, von dem aus sich schließlich ein Weg links durch das Naturschutzgebiet Externsteine schlängelt, bis wir den großen Parkplatz der Sehenswürdigkeit erreichen. Bergan queren wir ihn zum Infozentrum und dem

---

➤ rechts oben / Im gepflegten Park von Schloss Schieder lässt es sich gut verweilen ➤ rechts Mitte / Einladender Fahrrad-Rastplatz an der Tourstrecke

1918

Bis zu diesem Jahr war das aus dem 18. Jahrhundert stammende 3 / Schloss Schieder die Sommerresidenz der lippischen Fürsten. Sein ausgedehnter Park wurde bereits 1914 der Öffentlichkeit zugänglich gemacht.

Externsteine erklimmen

Steile Treppen führen auf die Felsen der 5 / Externsteine, zwei gar verbunden durch eine kleine Brücke. Ich musste hinauf, ich wette ihr auch!

Restaurant Felsenwirt. Da Radfahren hier nicht erlaubt ist, schieben wir unser Rad. Wenig später rückt die fast magische Formation in unseren Blick. Wie der gesamte Hauptkamm des Teutoburger Walds bestehen die 5 / Externsteine aus Osning-Sandstein, der sich vor etwa 120 Millionen Jahren gebildet hat.

Zur Audienz

Kurpark mit Ballhaus

Auf gleichem Weg fahren wir zurück, durchqueren die Wohnsiedlung hinunter nach Horn und folgen der Mittelstraße. Noch vor dem Friedhof folgen wir nun der abknickenden Vorfahrt nach links Richtung Bad Meinberg. Im Kreisverkehr geht's mit der zweiten Ausfahrt weiter, wir überqueren die Gleise und fahren zunächst bergan, um uns anschließend entspannt abwärts bis zu einem Kreisverkehr mit Betonstelen rollen zu lassen. Die zweite Ausfahrt geradeaus weiter entdecken wir vorbei am Infopunkt den Kurpark Bad Meinberg. Vor dem Ballhaus steht etwas unscheinbar ein Denkmal für 6 / Pauline Fürstin zur Lippe, die 1805 die erste Heilanstalt für bislang in Zuchthäusern untergebrachte Geisteskranke gründete. Unter dem kupferfarbenen

Dach des blumenverzierten prächtigen Kurpavillions können wir auf einer der Bänke die Ruhe des hübschen Kurparks genießen.

Windgeschwind

Wir fahren zurück zum Infopunkt und halten uns nun rechts Richtung Blomberg, dabei orientieren wir uns an den rot-weißen Radwegweisern, bis wir Blomberg erreichen. Der Radweg führt uns dabei bald durch ein Waldstück rasant bergab, wir überqueren umsichtig eine Straße und setzen unsere schnelle Talfahrt auf dem Radweg weiter fort. Der Wind weht uns durchs Haar, und beinahe scheint es, als ginge es ewig bergab. Als seien sie noch ganz nah, können wir den Eindrücken der Externsteine immer noch nachspüren. Nach Herrentrup verändert sich die Landschaft, weite Feldlandschaften entlang einer von Birken gesäumten Straße übernehmen die Hoheit, am Horizont die Hügel des Teutoburger Walds.

KM 27

Wenn 6 / Pauline Fürstin zur Lippe, 1802 bis 1820 Regentin des deutschen Fürstentums Lippe, in Bad Meinberg zur Kur weilte, so ist überliefert, gewährte sie strickend Audienz auf einer Parkbank. Und genau so sitzt sie da – nur zu, nimm Platz.

Historisches Blomberg

Wir erreichen Blomberg und queren nach einer Kreuzung an einem metallenen Nelkendenkmal links hinauf zum 1530 erbauten 7 / Niederntor, Lippes einzig erhaltenem Stadttor. Rechts bergan erreichen

< links / Rasten am Pavillion im Kurpark Bad Meinberg ^ oben / Einmal im Leben muss man durch die Externsteine radeln und sie über Stufen erklimmen

wir entlang schmucker Fachwerkhäuser den Blomberger Marktplatz. Die historischen Häuser Blombergs sind eine Augenweide, eines der Highlights ist mit seinen drei identischen Fachwerkgiebeln das 8 / Rathaus Blomberg. Zeit für eine Einkehr, erstklassige frische Gerichte bekommst du im 9 / Ristorante La Piazza (Neue Torstraße 3, 32825 Blomberg). Vom Rathaus aus pedalieren wir über die Straße Am Martiniturm zum Aussichtspunkt an der 10 / Burg Blomberg, die bis 2019 ein Hotel beherbergte, und genießen den weiten Blick. Bergab rollen wir die Brinkstraße zurück durchs Niederntor und hinunter zum Radweg, dem wir links durch den Ort bis zum Kreisverkehr mit bronzener Altstadtskulptur folgen. An der ersten Ausfahrt überqueren wir die Straße und radeln rechts der lippischen Hauptgenossenschaft Richtung Schieder auf einem hübschen 11 / Bahntrassenweg, übergehend von asphaltierter auf feste natürliche Wegdecke. Wir stoßen auf den Radweg unserer Hinfahrt und radeln links zurück nach Schieder, um am Ortsanfang Richtung Schieder-Bahnhof abzubiegen.

UFERRADWEG

Der künstliche Stausee 12 / Schiedersee, den ihr auf perfekt beschildertem Uferradweg umrunden könnt, hat gegenüber vom Staudamm eine beachtliche Fischtreppe.

Schieder See

Am Schlosspark Schieder kannst du je nach Kondition aus der Tour aussteigen und so

1587

In diesem Jahr wurde das 8 / Rathaus Blomberg erbaut, das schon Jacques Chirac und Gerhard Schröder besuchten. Vor dem Gebäude erinnert ein Schandpfahl, ein Pranger aus dem 16. Jahrhundert, an die Gräuel des Mittelalters, Gruselfaktor inklusive. Verurteilte wurden hier öffentlich zur Schau gestellt.

knapp 9 km einsparen, oder zum Abschluss den 12 / Schiedersee rechts umrunden. Dabei passieren wir das Freibad, in dem wir uns zu günstigem Tarif abkühlen können, genauso wie das Funtastico, ein kleiner Freizeitpark für jüngere Kinder. Vor dem Bootsverleih radeln wir rechts über den Kronenbruch aufwärts, um nach dem Parkplatz links auf der Straße dem Uferverlauf bis zum Ende des Sees zu folgen. Über den kleinen Staudamm, dem 2015 eine beeindruckende Fischtreppe hinzugefügt wurde, führt uns ein aalglatter Radweg auf der gegenüberliegenden Seeseite vorbei am Grillrestaurant Moses Hütte, wo du zum fairen Tarif eine frische knusprige Waffel genießen darfst. Kunstwerke mit Hundertwasser Anmutung und ein metallener Aussichtsturm laden zur Rast, bis wir schließlich wieder unseren Startpunkt am 1 / Parkplatz Schiedersee erreichen. Vielleicht lässt du deine Tour bei einer duftenden Pizza auf der Außenterrasse des Restaurants Revue passieren und träumst noch etwas von den magischen Externsteinen.

< links / Blombergs Altstadt lädt zum Flanieren und Erkunden ein
^ oben / Die Umrundung des Schiedersees ist auf erstklassigem Radweg möglich

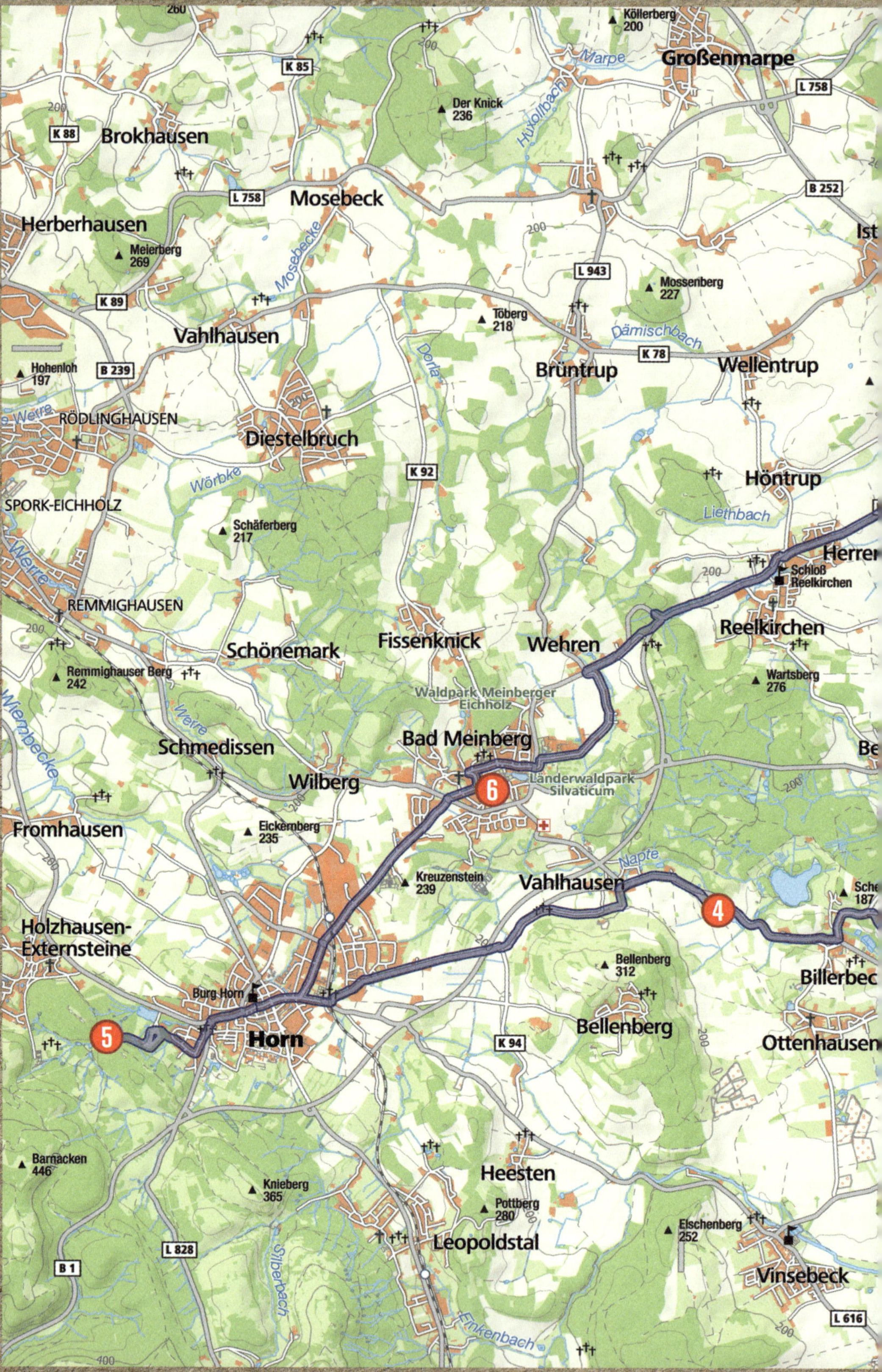
Köllerberg 200
Großenmarpe
Marpe
L 758
K 85
Der Knick 236
Huxollbach
K 88
Brokhausen
L 758
Mosebeck
B 252
Herberhausen
Meierberg 269
Mosebecke
L 943
Mossenberg 227
K 89
Töberg 218
Vahlhausen
Dämischbach
K 78
Hohenloh 197
B 239
Brüntrup
Wellentrup
Werre
RÖDLINGHAUSEN
Diestelbruch
Dorla
K 92
Höntrup
Wörbke
SPORK-EICHHOLZ
Liethbach
Schäferberg 217
Schloß Reelkirchen
REMMIGHAUSEN
Reelkirchen
Schönemark
Fissenknick
Wehren
Remmighauser Berg 242
Wartsberg 276
Waldpark Meinberger Eichholz
Wiembecke
Schmedissen
Bad Meinberg
Wilberg
6
Länderwaldpark Silvaticum
Fromhausen
Eickernberg 235
Napte
Kreuzenstein 239
Vahlhausen
4
Holzhausen-Externsteine
Bellenberg 312
Billerbeck
Burg Horn
5
Horn
K 94
Bellenberg
Ottenhausen
Barnacken 446
Knieberg 365
Heesten
Pottberg 280
Leopoldstal
Elschenberg 252
L 828
B 1
Silberbach
Vinsebeck
L 616
Emkenbach

Tour 10

START / ZIEL

Parkplatz Schiedersee

HINKOMMEN

Auto / Parkplatz Schiedersee, Regelweg 2, 32816 Schieder-Schwalenberg **ÖPNV /** Mit dem Zug direkt zum Bhf. Schieder, von dort etwa 250 m über die Bahnhofstraße und den Regelweg zum Startpunkt Parkplatz Schiedersee.

➤ **1** / Parkplatz Schiedersee
➤ **2** / Restaurant Seeterrasse
➤ **3** / Schloss Schieder ➤ **4** / Radfahrer-Rastplatz ➤ **5** / Externsteine
➤ **6** / Pauline Fürstin zur Lippe
➤ **7** / Niederntor ➤ **8** / Rathaus Blomberg ➤ **9** / Ristorante La Piazza ➤ **10** / Burg Blomberg ➤ **11** / Bahntrassenweg
➤ **12** / Schiedersee

ENERGIE PUR!

Ich radle diese Tour gern an heißen Sommertagen, da sie grüne Auen und glasklare Quellflüsse begleitet und mit einer tollen Weitsicht zum Teutoburger Wald gekrönt wird.

➤ **1 /** Start und Ziel unserer Tour ist der Parkplatz Padersee

➤ **2 /** Hausgemachte Leckereien gibt's im Pader Café am Padersee

➤ **3 /** Bewundere die ehemals fürstliche Residenz Schloss Neuhaus

➤ **4 /** Schlendere durch den hübschen Schloss- und Auenpark

➤ **5 /** An der Pader Flussmündung endet Deutschlands kürzester Fluss

➤ **6 /** Dem Wasserrauschen lauschen am Stauwehr Lippesee

➤ **7 /** Zur Abkühlung ins Wasser an den Lippesee-Freizeitanlagen

➤ **8 /** Innehalten am Denkmal Graf Wolff-Metternich

➤ **9 /** Bestaune den bei Sonne blauen Quelltopf der Lippequelle

➤ **10 /** Flauschrausch: Niedlich, niedlicher, Alpakas vom Ellertal

➤ **11 /** Den prächtigen Paderborner Dom bewundern

➤ **12 /** Best of vegan und vegetarisch im Café Heinrichs genießen

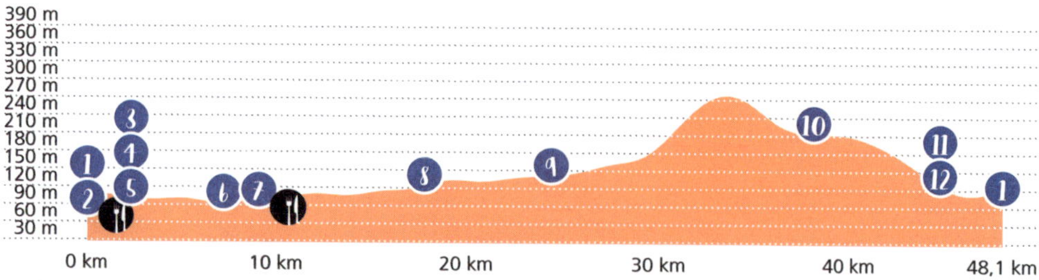

QUELLKRAFT

Quellenhopping rund um Paderborn

Wir erkunden auf unserer Tour den kürzesten Fluss Deutschlands, einen mystischen blauen Quelltopf und eines der größten Quellgebiete Europas mitten in Paderborn mit seinem mächtigen Dom.

48 Kilometer
300 Höhenmeter ▲
300 Höhenmeter ▼
2:45 Stunden
Rundtour

Frühstück am Padersee

Los geht's am 1 / Parkplatz Padersee. Wir überqueren von der Fürstenallee aus den Heinz-Nixdorf-Ring und folgen etwa 60 m weiter dem Wegweiser rechts zum 2 / Pader Café (Fürstenallee 53, 33102 Paderborn). Das Café mit Außenterrasse am Padersee bietet alles, was das Radfahrerherz begehrt. Hinter dem Café wenden wir uns rechts, begleiten die Paderseeumflut und überqueren das Wasser über zwei Brücken, um uns mit Unterquerung der Straße Richtung Schloss Neuhaus zu halten. Orientierung bieten auf dieser Tour die rot-weißen Radwegweiser.

CHARAKTER
Sportlich ●●●○○
Abkühlung ●●●●●
Schlemmen ●●●●○
Panorama ●●●●○

TOURENINFO / Untergrund meist sehr gute Radwege oder ruhige Feldwege, kurze Straßenverbindungsstücke. Badesachen nicht vergessen! Für Familien mit Anhänger geeignet, aber Höhenmeter im letzten Drittel beachten.

❮ links / Von Paderborn aus lassen sich die Quellen von Pader und Lippe perfekt per Rad erkunden

Auenland und Wasserkraft

Zusammen mit der glasklaren Pader mäandriert unsere Route autofrei durch grünes Auengebiet, bis wir nach etwa 2 km links die Brücke queren. Entlang der Kirche fahren wir über die Neuhäuser Kirchstraße auf ein hübsches Fachwerkhaus zu und erblicken linker Hand 3 / Schloss Neuhaus (Residenzstraße 2, 33104 Paderborn), eines der bedeutendsten Wasserschlösser Westfalens, zu dem wir hinüberfahren. Es beherbergt heute eine Schule, rückseitig bewundern wir den 4 / Schloss- und Auenpark. Zurück vor dem Schloss führt uns ein Abstecher zum Schloss blickend rechts zur 5 / Pader Flussmündung. Von hier kehren wir zurück, und passieren das Schloss Richtung Lippesee. Bald halten wir uns im Park Richtung Lippesee Südufer, denn wir wollen das Stauwehr der Talsperre Sander-Lippe an ihrem westlichen Ende besichtigen. So pedalieren wir am Südufer gemächlich auf vorzüglichem Radweg und halten uns Richtung Sande. Am 66,5 m langen 6 / Stauwehr Lippesee angekommen, lauschen wir dem Rauschen des Wassers. Wir setzen unsere Tour um den See Richtung Sennelager fort und passieren etwa auf der Hälfte des Nordufers die 7 / Lippesee-Freizeitanlagen (Sennelagerstraße 66, 33106 Paderborn-Sande), ein beliebtes Ausflugsziel mit Strand und Tretbootverleih.

DEUTSCHLANDS KÜRZESTER FLUSS

Mach Pause an der 5 / Flussmündung der Pader, die nach nur 4,6 km in die wasserärmere Lippe mündet. Beide Quellen erradeln wir später.

Waldruhe

Am nordöstlichen Seeende begleiten wir den Boker-Heide-Kanal Richtung Waldbad auf dem von Ahornbäumen beschatteten Radweg. Gemeinsam mit dem glasklaren Kanal unterqueren wir die Autobahn und biegen schließlich links Richtung Sennelager ab. Eine kleine Waldstraße führt uns rechts durch den Ort Sennelager. An der Bielefelder Straße angelangt, halten wir uns rechts Richtung Bad

---

➤ rechts oben / Halt an der fürstbischöflichen Residenz Schloss Neuhaus aus dem 16. Jahrhundert ➤ rechts Mitte / Blick vom Stauwehr über den weitläufigen Lippesee

1257

In diesem Jahr fand fand die ehemals fürstbischöfliche Residenz 3 / Schloss Neuhaus ihren Ursprung. Im 16. Jahrhundert zum vierflügeligen Schloss mit markanten Ecktürmen ausgebaut, entstand ein bedeutendes Bauwerk der Weserrenaissance. Sieh dir unbedingt auch die Rückseite des Schlosses mit Garten an!

SATTELFEST

Gebt Acht am **8 / Denkmal Graf Wolff-Metternich**, der hier 1889 auf der Parforcejagd mit Pferd stürzte und starb, und haltet euch weiter sicher auf dem Sattel.

ÜBER RUHIGEN WALDWEG AM SEE ENTLANG

Lippspringe. Wir queren die Straße 300 m weiter und biegen in Paderborns Stadtteil Schloss Neuhaus ein. Unsere Route führt uns Richtung Habichtsee, den wir rechts über einen schmalen Pfad erreichen, der am See entlang in einen ruhigen Waldweg übergeht. Von Vogelgezwitscher begleitet lassen wir die westlich von Paderborn zu vernehmende städtische Geräuschkulisse hinter uns. Entlang weitläufiger Pferdekoppeln befinden wir uns bald wieder auf asphaltiertem Weg, folgen dem Allee-Radweg vorbei am 8 / Denkmal Graf Wolff-Metternich in Richtung Bad Lippspringe und passieren den kleinen Tallesee, der sich weitgehend hinter dichtem Wald versteckt. Über eine Brücke queren wir die Bundesstraße, passieren die Gleise und biegen links nach Marienloh ab.

Quellkraft

Schnurgerade pedalieren wir etwa 4 km bis Bad Lippspringe und orientieren uns dort Richtung Bad Lippspringe-Zentrum. An der kleinen Halle der Liboriusquelle biegen wir zur 9 / Lippequelle ab. Eine hölzerne Brücke unterhalb der Burg führt uns zu ihrem im Son-

nenschein mystisch blau schimmernden Quelltopf. Hinter der Quelle geht's rechts durch den Park ansteigend vorbei am 1854/55 als Kurhaus erbauten Prinzenpalais. Wir wenden uns dahinter Richtung Neuenbeken.

740 L

So viel Wasser tritt pro Sekunde aus der 9 / Lippequelle hervor. Quelltöpfe sind für mich ein Quell an Energie, Ruhebänke laden zur Pause. An der Arminiusquelle im Pavillon können wir unsere Trinkflaschen in Mineralwasserqualität kostenfrei auffüllen.

Weitblick

Du vermisst Höhenmeter? Kein Problem, die holen wir auf den kommenden 12 km nach! Eine Feldstraße führt uns am Gut Redingerhof vorbei nach Neuenbeken, und wir halten uns der rot-weißen Beschilderung folgend immer geradeaus, bis wir schließlich rechts bergab die Hauptstraße erreichen, der wir nach links folgen. Richtung Dahl führt unsere Route an der prägnanten Kupferdach-Kirche bergan und an der nächsten Abzweigung links, um kurz darauf rechts bergauf durch eine kleine Unterführung für etwa 300 m der Straße zu folgen. Auf eine Feldstraße übergehend, begleiten uns zunächst blühende Hecken, bevor ein riesiger Windpark in Sicht kommt: 122 Windräder zähle ich, wie viele zählst du? Man möchte sich vom ungetrübten Blick weit über das Paderborner Land bis zu den Höhenzügen des Teutoburger Walds kaum losreißen. Gerade lassen wir den Windpark auf dem auf- und abmäandrierenden

---

‹ links / Sonnenblumenf zieren die weiten Felder auf Paderborns Höhen
˄ oben / Am Quelltopf der Lippe in Bad Lippspringe lässt sich prima rasten

Sträßchen hinter uns, da erscheint bereits der nächste. Bald führt uns der Radwegweiser rechts bergab auf den Hardörnerweg, und kurz darauf begrüßt uns Dahl. Steil bergab geht's in den Ort, bremse frühzeitig! Am Fuß überqueren wir die Straße Richtung Borchen.

Flauschfell

Flauschige Tiere kommen in Sicht, und je näher wir kommen, desto besser können wir die 10 / Alpakas vom Ellertal (Grundweg 89, 33100 Paderborn) bewundern. Bevor du dich verliebst, schnell weiter und bald darauf links ab auf einen romantischen Radweg mitten durch das Naturschutzgebiet Ellerbachtal. Links geht's weiter, bis wir nach 700 m hinter dem Wald rechts abbiegen. Etwas versteckt liegt rechterhand der Lichtenturm, von dem unser Blick über den Teutoburger Wald streift, bevor wir abwärts rollen. Wir erreichen Paderborn, halten uns rechts bis zur Hauptstraße und dann links Richtung Paderborn Zentrum. Dann nutzen wir eine kleine Unterführung, bleiben weiter auf dem Radweg und biegen am nächsten Wegweiser nicht Richtung Paderborn-Zentrum (Ost) ab, sondern fahren geradeaus auf die Straße Am Rippinger Weg.

LECKER EINKEHREN

Vegan und vegetarisch, Kuchen, Wraps, Smørebrød und Bowls im 12 / Café Heinrichs sind köstlich, Biogetränke ergänzen den Pausentraum.

FLAUSCH-ATTACKE

„Schau einem Alpaka nicht zu tief in die Augen, du könntest dich verlieben!", sagt die Homepage der 10 / Alpakas vom Ellertal, die hier gezüchtet werden. Selbstverständlich lässt sich hier auch vorab Alpaka-Trekking buchen.

Quellstadt Paderborn

Auf dem Radfahrstreifen erreichen wir mit Blick auf den Dom bergab den Bahnhof Kasseler Tor, nutzen die Unterführung und wenden uns sofort nach rechts, um die Straße zu überqueren und uns Richtung Dom zu halten. Kurz vor dem Dom ist Radfahren untersagt, so schieben wir unser Rad durch eine Gasse auf den Marktplatz zum 11 / Paderborner Dom aus dem 13. Jahrhundert. Am Diözesan-Museum linkerhand orientieren wir uns Richtung Delbrück, und vorbei am Domturm passieren wir bergab das gemütliche 12 / Café Heinrichs, perfekt zur Einkehr. Wir folgen nun dem Lauf der Pader, die hier in einem der stärksten Quellgebiete Deutschlands aus über 200 Quellen mit bis zu 9000 l Wasser pro Sekunde sprudelt. Hinter einer Unterführung radeln wir linksseitig der Pader weiter und begleiten sie zum Padersee. Über die Brücken erreichen wir das Pader Café und können hier die wundervollen Eindrücke an uns vorüberziehen lassen, bevor wir zu unserem Startpunkt am 1 / Parkplatz Padersee zurückgelangen.

< links / Flauschattacke am Wegesrand bei den Alpakas vom Ellertal
^ oben / Mitten in Paderborn kann man die Paderquellen bewundern

Tour 11

START / ZIEL

Parkplatz Padersee

HINKOMMEN

Auto / Parkplatz Padersee, Fürstenallee 55, 33102 Paderborn **ÖPNV /** Mit dem Zug bis Paderborn Kasseler Tor, von hier direkter Einstieg in die Tour durch die Unterführung Richtung Dom.

➤ **1 /** Parkplatz Padersee ➤ **2 /** Pader Café ➤ **3 /** Schloss Neuhaus ➤ **4 /** Schloss- und Auenpark ➤ **5 /** Pader Flussmündung ➤ **6 /** Stauwehr Lippesee ➤ **7 /** Lippesee-Freizeitanlagen ➤ **8 /** Denkmal Graf Wolff-Metternich ➤ **9 /** Lippequelle ➤ **10 /** Alpakas vom Ellertal ➤ **11 /** Paderborner Dom ➤ **12 /** Café Heinrichs

Bad Lippspringe
Dedingerheide See
Hölscher See
Lutter
Strothe
B 1
9
Steinbeke
Lippe
Lippeniederung
K 30
MARIENLOH
Beke
200
Neuenbeken
Beke
Silberbeke
Dunetal
Benhausen
K 29
L 755
Gotte
L 937
K 1
Springbach
B 64
L 755
Kahler Berg 322
K 38
Ellerbach
Dahl
10
K 38
B 68
Ellerbach
K 1
1 km

INNEHALTEN

Mein Highlight ist die Idylle der Ems, die sich besonders am Emswehr oder der Hermanns-Brücke bei einer kurzen Verschnaufpause genießen lässt. Das Plätschern des Wassers und die Geräusche der Tierwelt lassen mich vom Alltag abschalten.

> **1 /** Unsere Tour startet und endet am Bahnhof Warendorf

> **2 /** Am Marktplatz Warendorf beeindrucken die historischen Hausfronten

> **3 /** Die Idylle des Emsseeparks in Warendorf erzählt von Hochwasserschutz und Renaturierung

> **4 /** Wir radeln durch die renaturierten Emsauen

> **5 /** Ein Motorrad von 1898? Zu sehen im Motorradmuseum Beckmann

> **6 /** Im Restaurant Heidehof können wir eine Pause einlegen

> **7 /** Wir queren die Ems am Emswehr Kuhstraße

> **8 /** Kuchen schlemmen im Café & Konditorei Tortenliebe in Harsewinkel

> **9 /** Entspannen am Schwanenteich in Harsewinkel

> **10 /** Frösche quaken hören im Naturschutzgebiet Am Sundern

> **11 /** Von der Brücke in Sassenberg den Blick auf den Kirchturm von St. Johannes genießen

> **12 /** Letzte Emsquerung über die Hermanns-Brücke

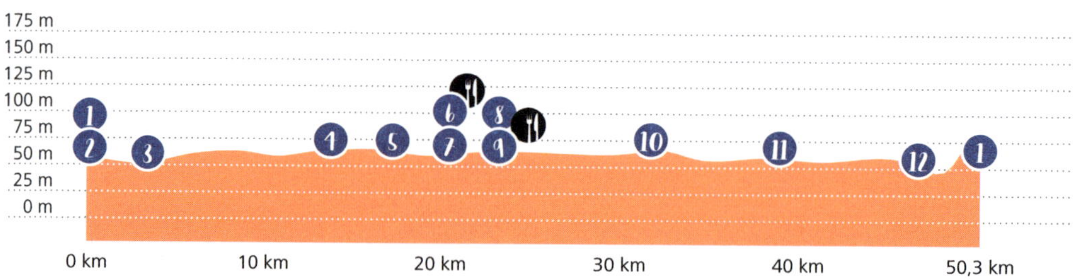

EMSERFAHRUNG

Von *Warendorf* entlang der *Ems*
in die *Stadt der Mähdrescher*

Unsere Runde startet in Warendorf, der Stadt der Pferde. Im nordöstlichen Teil des Münsterlands gelegen, ist sie bekannt für ihre Reitgestüte und Reitsportveranstaltungen, wie beispielsweise das Bundeschampionat oder die Hengstparade. Je nachdem in welchem Zeitraum man diese Tour macht, muss man sich nicht über die Vielzahl der Pferde auf den Weiden und Koppeln wundern.

50 Kilometer
80 Höhenmeter ▲
80 Höhenmeter ▼
3 Stunden
Rundtour

Start in der Stadt an der Ems

Wir beginnen unsere Fahrt am 1 / Bahnhof Warendorf. Dieser lässt sich mit der Regionalbahn im Stundentakt aus Münster oder aus Richtung Rheda-Wiedenbrück anfahren. Für die Anreise mit dem Auto gibt es einen großen kostenlosen Park+Ride-Parkplatz in direkter Nähe. Schwingen wir uns also aufs Rad und machen uns auf den Weg. Durchs mittelalterliche Straßen- und Stadtbild der ehemaligen Hansestadt erreichen wir bereits

CHARAKTER

Sportlich	●○○○○
Abkühlung	●●●○○
Schlemmen	●●○○○
Panorama	●●○○○

TOURENINFO / Die Tour verläuft zu ungefähr 2/3 auf glattem Asphalt oder glatter Straßenoberfläche, zu 1/3 auf Waldboden oder geschotterten bzw. wassergebundenen Decken. Ein sehr schmaler Fahrradreifen, wie bei einem Rennrad, ist hier weniger optimal.

◂ links / Warendorf an der Ems

nach wenigen Metern den 2 / Marktplatz Warendorf, den Bauwerke aus sechs verschiedenen Jahrhunderten flankieren. Falls noch Wegzehrung notwendig ist: Samstags ab 8 Uhr ist Wochenmarkt.

DRACHEN UND HIRSCHE

Neben dem historischen Rathaus ragen am 2 / Marktplatz Treppen- und Blendgiebel in den Himmel. Drachenköppe und ein prunkvoller Hirsch auf den Häuserfasaden erzählen vom Reichtum der alten Hansestadt Warendorf.

Durch die Emsauen

Versorgt mit regionalen Köstlichkeiten fahren wir geradeaus weiter ans Emsseeufer. Eingebettet in eine großzügige Parkanlage wurde der Emssee 1974 zur Absicherung gegen Hochwasser fertiggestellt. Nach rechts durch den 3 / Emsseepark geht es zuerst am Seeufer und dann am nördlichen Flussufer in Richtung Osten. Gerade am frühen Morgen an einem wolkenfreien Tag ein wunderschöner Auftakt in Richtung Sonne. Da die Ems und ihre 4 / Emsauen in den letzten zwei Jahrzehnten aufwendig renaturiert wurden, können wir unsere Radtour nicht direkt am Ufer entlang fortführen, sondern haben stets ein klein wenig Abstand zum Gewässer. Die dazwischenliegenden Flächen werden zum Hochwasserschutz und als Rückzugsort für Flora und Fauna freigehalten.

Von Pferdestärken

Immer weiter entlang des Warendorfer Landwegs radeln wir nach Osten. Vorbei am Gut Emstal, einem beeindruckenden Pferdehof, der allerdings im Privatbesitz ist und nicht besichtigt werden kann. Der Blick von außen lohnt dennoch. Kurz bevor wir den Ort Greffen erreichen, wechseln wir auf die südliche Uferseite der Ems. Während wir kurzfristig den Radweg entlang der Beelener Straße nutzen, erreichen wir etwa bei Kilometer 13 das 5 / Motorradmuseum Beckmann (Ostern–Okt. So 11–17 Uhr, Beelener Straße 32, 33428 Harsewinkel, Tel. 02588 1381). Für Interessierte ist dies ein schöner Rückblick in die Geschichte motorisierter Zweiräder. Das Ehepaar Beckmann hat 200 Motorräder aus der ersten Hälfte des 20. Jahr-

---

➤ **rechts oben / Der Emssee bei Warendorf**
➤ **rechts Mitte / Motorradmuseum Beckmann**

371 KM

Die Ems, die „Hauptwasserader" des Münsterlands, legt von ihrer Quelle in der Senne in Westfalen bis zur Mündung in die Nordsee 371 km zurück, davon sind 206 km schiffbar. In den 1930ern wurde sie stark begradigt und ihr Bett befestigt, um durch die schnellere Fließgeschwindigkeit Überschwemmungen zu verhindern. Mittlerweile geht man den umgekehrten Weg mit Renaturierungsprojekten.

Luftzirkus

Jedes Jahr zu Pfingsten findet am **Modellflugplatz Ikarus Harswinkel** der internationle Luftzirkus statt, eine der größten Modellflugveranstaltungen in Europa. Mehrere Tausend Besucherinnen und Besucher erleben Flugshows aller Modellflugsparten.

hunderts zusammengetragen. Wer das Museum besichtigen möchte, kann dies außerhalb der regulären Öffnungszeiten auch nach telefonischer Vereinbarung tun.

Den Modellfliegern nach über die Ems

Wir rollen übers Land

Über den Haar- erreichen wir den Körkesweg, der uns in einiger Entfernung parallel zum Emsverlauf führt. Wir passieren die Felder, kleinen Waldstreifen und Wiesen des Gebiets Überems und können im 6 / Restaurant Heidehof (Unterried 67, 6444 Oberried) einkehren. Vor dem nächsten Wechsel der Uferseite kommen wir über Kortenhegge und Kuhstraße zum Modellflugplatz Ikarus Harsewinkel. Bei gutem Wetter und nicht zu starken Windböen lassen sich hier Hobbybastler und Pilotinnen dabei beobachten, wie sie ihre Miniaturen über die Start- und Landebahn und durch die Lüfte schicken. Bereits wenige Meter nach dem Modellflugplatz überqueren wir mit dem 7 / Emswehr Kuhstraße, einer Staustufe mit Fischtreppe, abermals den Fluss. Die ruhige Lage ist ein passender Platz für eine kurze Verschnaufpause mit Blick auf das plätschernde Wasser.

In die Stadt der Mähdrescher

Rund einen Kilometer nach der Emsüberfahrt biegen wir rechts in den Mühlenwinkel ab und gelangen in eines der Industriegebiete Harsewinkels. Wir radeln weiter in Richtung Stadtzentrum von Harsewinkel, das für einen großen Hersteller von Landmaschinen bekannt ist. Falls nun der Appetit für ein Stück Kuchen mit Kaffee kommt, finden wir in der Innenstadt nur wenige hundert Meter vor dem Kirchplatz das kleine Café 8 / Tortenliebe (Do–So 12–17 Uhr, Brentrups Garten 1, 33428 Harsewinkel, Tel. 05247 4061890, tortenliebe-cafe.de), das nicht umsonst so heißt. Donnerstags bis Sonntags lassen sich dort ab der Mittagszeit Köstlichkeiten aus der Welt der Konditorei genießen. Alternativ (oder zusätzlich?) können wir im Eiscafé Dammann direkt an der Kirche zuschlagen und uns noch ein Eis holen. Gestärkt von Kuchen oder Eis geht es auf unserer Emserfahrung zum 9 / Schwanenteich. Dieser liegt in den städtischen Parkanlagen Harsewinkels, die sich entlang der Ems durch die Stadt ziehen.

KM 22

Gegenüber vom 8 / Café Tortenliebe in die Straße hinein kommen wir zum Rathaus, vor dem das Spökenkierkerdenkmal an den legendenumwobenen Spökenkierker Anton Westermann erinnert, die Symbolfigur Harsewinkels.

Halbzeit

Etwa die Hälfte unserer Route haben wir nun bereits geschafft und setzen die Fahrt in Richtung Westen fort. Abermals steuern wir Gref-

< links / Schutzhütte bei Überems
^ oben / Café Tortenliebe in Harsewinkel

fen an, umfahren den Ort aber nördlich. Dafür können wir sowohl vor als auch nach Greffen mit zwei schönen Seen, dem Baggersee Fehlesee, einem beliebten Anglerspot, und dem im gleichnamigen Natuschutzgebiet liegenden Baggersee Greffener Mark, die Natur genießen. Zudem durchkreuzen wir das 10 / Naturschutzgebiet Am Sundern, das beidseitig neben unserer Route verläuft und vor allem dem Grasfrosch und dem Graureiher ein Zuhause bietet. Zwischen Feldern hindurch kommen wir in den Ort Sassenberg. Wer zu diesem Zeitpunkt die Radtour noch ein Stück weit strecken möchte und eine Badestelle sucht, dem sei das Erholungsgebiet Feldmark mit dem dazugehörigen Strandbad Feldmarksee zu empfehlen. Dieses liegt rund einen Kilometer abseits der Route in nordöstlicher Richtung. Zu erreichen ist der Feldmarksee über die Straße Klingenhagen, die vom Kreisverkehr abzweigt, der direkt nach Überquerung des Flusses Hessel im Innenstadtgebiet von Sassenberg auf uns wartet. Die 11 / Brücke über die Hessel mit dem Blick auf den Kirchturm von St. Johannes ist ebenfalls für eine kurze Verschnaufpause geeignet.

Frosch quert!

Jedes Frühjahr wandert eine große Anzahl von Erdkröten, Grasfröschen, Wasserfröschen und Teichmolchen aus der Umgebung zu den Gewässern im 10 / NSG Am Sundern, um dort zu laichen. Zu dieser Zeit wird die durch das Gebiet führende Straße nachts gesperrt.

1121

Der im Jahr 1121 als Motte, als Erdhügelburg, errichtete Sassenberg war von etwa 1300 bis zur Säkularisation 1803 Landesburg, Amtssitz und für die letzten 150 Jahre sogar Nebenresidenz der Fürstbischöfe von Münster.

Zurück zur Ems und nach Warendorf

Unabhängig von einem Stopp am See geht unsere Tour weiter in Richtung Westen zurück nach Warendorf. Dabei umkreisen wir das Waldgebiet Tönneburg und fahren vorbei am Schießplatz des Bogensportvereins Warendorf nach Süden wieder auf die Ems zu. Über die 12 / Hermanns-Brücke kommen wir auf die südliche Seite des Emsufers. Dort finden wir für ein paar wenige Meter einen schmalen Pfad anstelle eines gut ausgebauten Radwegs vor. Im Zweifel schiebt man das Rad hier für ein kurzes Stück. Sobald die Rückseite des dortigen Campingplatzes erreicht ist, beginnt wieder der breite Radweg und wir können die letzten Meter entlang der Ems auf dem Weg zurück zum Startpunkt genießen. Wer nicht zurück zum 1 / Bahnhof Warendorf möchte, findet in unmittelbarer Nähe der Ems an der Straße Wiesengrund einen Wohnmobilstellplatz oder kehrt zum Abschluss der Tour noch in einem der Gastronomiebetriebe in der Warendorfer Innenstadt ein.

< links / Hermanns-Brücke über die Ems
^ oben / Landschaft bei Sassenberg

Füchtorf
Nordrhein-Westfalen
Dübte
K 339
Bever
Wüseke-See
K 51
K 38
B 475
Louis
Arenbecke
Milte
Hessel
K 18
B 476
Sassenberg
11
K 44
L 830
B 475
12
Kottruper Seen
Hagenbach
Ems
B 64
3
P
2
1
START-ZIEL
Warendorf
Axtbach
NSG Axtbach
B 475
ggenbach
L 793
Schloss
Westerholt
Freckenhorst
Holzbach

Tour 12

START / ZIEL

Bahnhof Warendorf, Bahnhofstr. 24, 48321 Warendorf

HINKOMMEN

Auto / Aus Ost-West-Richtung über die B 64, aus Nord-Süd-Richtung über die B 475 zum kostenlosen Park+Ride-Parkplatz am Bahnhof

ÖPNV / RB 67 aus Münster, bzw. aus Rheda-Wiedenbrück

➤ **1 /** Bahnhof Warendorf
➤ **2 /** Marktplatz Warendorf
➤ **3 /** Emsseepark ➤ **4 /** Emsauen
➤ **5 /** Motorradmuseum Beckmann ➤ **6 /** Restaurant Heidehof
➤ **7 /** Emswehr Kuhstraße
➤ **8 /** Café & Konditorei Tortenliebe in Harsewinkel ➤ **9 /** Schwaneteich in Harsewinkel ➤ **10 /** Naturschutzgebiet Am Sundern
➤ **11 /** Brücke in Sassenberg
➤ **12 /** Hermanns-Brücke

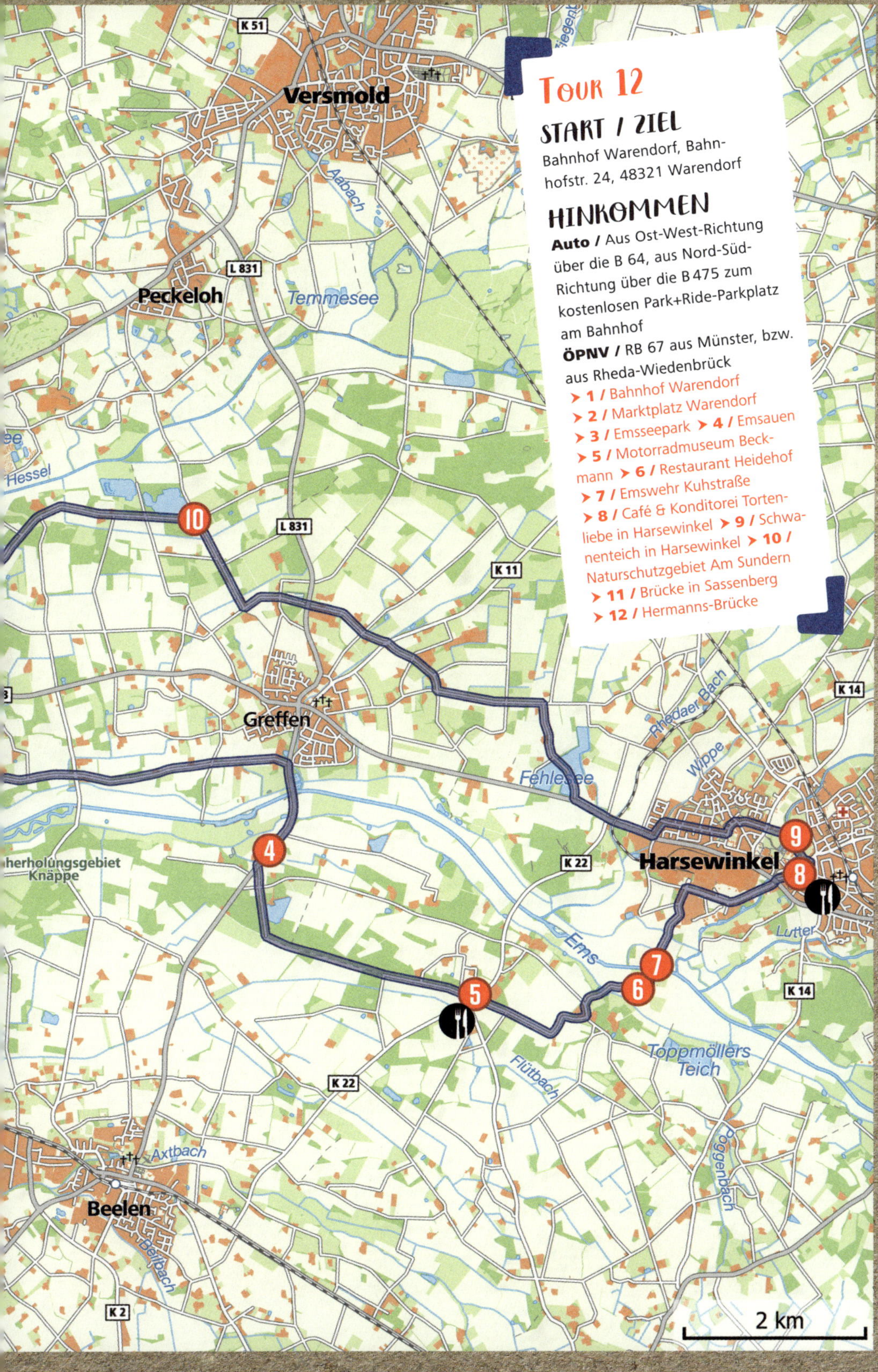

KÜNSTLERDORF

Die im Künstlerdorf Schöppingen arbeitenden Künstlerinnen und Künstler leben hier beileibe nicht im Elfenbeinturm: Immer wieder gibt es Veranstaltungen, Lesungen, Ausstellungen und Konzerte, zu denen wir kommen können.

➤ 1 / Am Bahnhof setzen wir uns auf die Leeze – und lassen Legden erst mal links liegen

➤ 2 / Wir sehen Haus Egelborg – das Wasserschloss entzückt uns gleich zu Beginn der Tour

➤ 3 / Bei der Düstermühle hören wir von alter Geschichte, die bis heute fortdauert

➤ 4 / Im Naturschutzgebiet Oldemölls Venneken ahnen wir, wie die Dinkel naturbelassen fließt

➤ 5 / In der Pfarrkirche St. Ludgerus in Heek sehen wir einen romanischen Taufstein

➤ 6 / Das Hohe Haus erzählt uns die Nienborger Burggeschichte

➤ 7 / Im Künstlerdorf Schöppingen verspüren wir einen Hauch von Weltläufigkeit

➤ 8 / Im Dormitorium Asbeck können wir sehen, wo die adeligen Fräuleins ruhten

➤ 9 / Im Busshook in Legden könnte es eng werden für uns

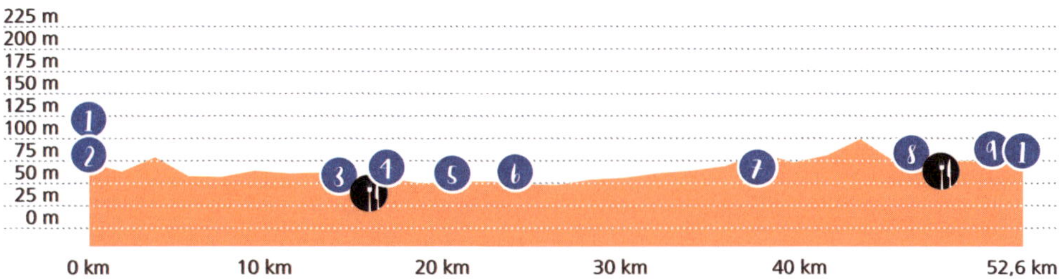

DURCH ALTE DÖRFER

Viel *historisches Gemäuer* zwischen *Legden* und *Nienborg*

Von wegen, im flachen Westmünsterland ist nichts los! Eine ganze Menge ist hier los. Hervorstechend ist dabei sicherlich der Düstermühlenmarkt, einmal im Jahr das bäuerliche Event in der Region und darüber hinaus. Und dazu vielleicht ein bisschen als Kontrapunkt: das Künstlerdorf Schöppingen.

53 Kilometer
115 Höhenmeter ▲
115 Höhenmeter ▼
5 Stunden
Rundtour

Adelssitz und Bauernmarkt

Wir starten am schön im Grünen liegenden 1 / Bahnhof in Legden und lassen das Dorf erst einmal links liegen. Am Ende unserer Tour werden wir uns hier genauer umschauen. Wir fahren nach rechts, überqueren die Bahntrasse und sind schon bald beim 2 / Haus Egelborg. Das privat bewohnte Wasserschloss – ein typisch münsterländischer, auf zwei Inseln angelegter Adelssitz – hat seine Anfänge um 1400. Das Schloss liegt idyllisch in einem kleinen Wald und beeindruckt durch seine rot-weiß-rote Backsteingliederung. Wir unterqueren die Autobahn 31, auch Ost-

CHARAKTER

Sportlich	●●●○○
Abkühlung	●●○○○
Schlemmen	●●●●○
Panorama	●●●●○

TOURENINFO / Weitgehend flaches Profil. Wir bewegen uns meist autofrei bzw. mit nur geringem Anliegerverkehr auf in der Regel asphaltierten Wegen. Kürzere Passagen fahren wir auf straßenbegleitenden Radwegen.

‹ links / Dahliengarten bei der Kirche in Legden

friesenspieß genannt. Sie beginnt im Ruhrgebiet bei Bottrop und führt bis nach Emden und damit bis zur Nordsee. Nur am Beginn und Ende der Urlaubssaison herrscht hier reger Autoverkehr, ansonsten hat der Automobilist viel Straße für sich. An der folgenden Wegekreuzung halten wir uns rechts und kommen zum Knotenpunkt 50, an dem wir geradeaus fahren. Später biegen wir nach rechts ab auf den Gescherdamm, halten uns am Kreisverkehr geradeaus (Schumacherring), überqueren die Bahnlinie und fahren nach rechts auf die Tegelstegge, in der Fortsetzung den Düstermühlenweg. An der folgenden T-Kreuzung halten wir uns nach links und folgen den Knotenpunkten 2, 92 und später 95. Wir erreichen die 3 / Düstermühle. Schon seit dem 12. Jahrhundert wird die Wasserkraft der Dinkel genutzt, um Korn zu mahlen und Öl zu pressen. Diese Mühle gehört zu den ältesten in der Region. Die Ursprünge des hier stattfindenden – und weit über die Region hinaus bekannten – Düstermühlenmarkts liegen ebenfalls tief in der Vergangenheit. Alljährlich entfaltet der traditionelle Pferde-, Kram- und Kleintiermarkt ein buntes Treiben kaum glaublichen Ausmaßes. Der Kauf eines Pferds (oder einer Ziege oder eines Kaninchens oder …) wird, wie von Alters her, per Handschlag besiegelt. Um den Durst der vielen Besuchenden einigermaßen stillen zu können, haben an diesem Tag – und nur an diesem Tag – drei angrenzende Bauernhöfe zusätzlich zur Düstermühlen-Kneipe Schankrecht; das ist ein jahrhundertealtes Sonderrecht, ehemals in weiser Einschätzung des unbedingt Notwendigen erteilt und bis heute gerne genutzt. Wir freuen uns, dass das Gasthaus „Düstermühle" ein dauerhaftes Schankrecht besitzt. So brauchen wir bei unserer Pause im schönen Biergarten nicht zu verdursten (und Hunger leiden müssen wir auch nicht).

DIE DINKEL

ist ein wahres Grenzhopper-Flüsschen. Die Quelle ist bei Rosendahl-Holtwick (D), nördlich von Gronau geht's in die Niederlande, dann nach rechts über die Grenze nach Niedersachsen, zwischen De Lutte und Lattrop plätschert die Dinkel wieder in den Niederlanden, um schließlich bei Neuenhaus (D) in die Vechte zu münden.

➤ rechts oben / Düstermühle ➤ rechts Mitte / Haus Egelborg

1670

erbte Ritter Jobst von Oer-Nottbeck das 2 / Haus Egelborg durch Heirat. Dessen Nachfahren bewohnen den bewirtschafteten Gutshof des Wasserschlosses noch heute.

MUSIK

liegt in der Luft … Und mitunter hört man sie, wenn man sich in Nienborg zum Beispiel in der Nähe des Langen Hauses befindet. Hier – wie in weiteren Gebäuden des Orts – ist nämlich die Landesmusikakademie NRW untergebracht.

VOM VENN ZU NOCH MEHR ALTEN GEMÄUERN

Dinkelaue, Burggemäuer und Schöppinger Weltläufigkeit

Wir fahren weiter in Richtung 95 und kommen ins Naturschutzgebiet 4 / Oldemölls Venneken. Venneken ist ein kleines Venn, eine sumpfige Niederung also. Oldemöll heißt alte Mühle – die es hier, benannt nach dem gleichnamigen Hof, vor 600 Jahren gegeben hat. Die in früheren Zeiten erfolgten Flussbegradigungen werden hier in der idyllischen Dinkelaue Stück für Stück wieder rückgängig gemacht, so kann sich die vormals vorhandene vielfältige und urtümliche Flora und Fauna wieder entwickeln. Wir erreichen Heek und fahren dort bis 63. Auf der anderen Straßenseite liegt die 5 / Pfarrkirche St. Ludgerus. Sie stammt im Kern aus dem 13. Jahrhundert, Chor und Turm sind aber wesentlich jünger. Bei der Innenausstattung sticht das romanische Taufbecken besonders hervor. Wir fahren nun über Ludgeristraße und Bahnhofstraße zu 1 und haben dort Nienborg erreicht. 1198 ließ der münstersche Bischof hier zur Sicherung seines Territoriums und des Handelswegs von Münster nach Deventer eine Burg – die neue Burg, Nienborg – errichten. Burgmänner, die mit Familie und Gesinde in benachbar-

ten Burgmannshöfen lebten, hatten dafür zu sorgen, dass Feinde von Nienborg ferngehalten wurden. Aus dieser alten Zeit stammen noch das 6 / Hohe Haus, das Lange Haus und Haus Keppelborg – drei von ehemals 30 Burgmannshöfen. Eine Legende aus jenen Zeiten erzählt vom Wilden Bernd. Der bekannte Nienborger Wilddieb hatte durch seinen beherzten bewaffneten Einsatz die Burg vor der Einnahme durch Feinde gerettet. Zur Belohnung gaben ihm die Burgmänner drei Wünsche frei. Der Wilde Bernd wünschte sich: „Frie fisken, frie jagen und frie schieten in Grawen." Die Fortsetzung unserer Route verläuft über 45, 8 und 9 bis nach Schöppingen. Vorher kommen wir am Baggersee Strönfeld sowie beim Naturschutzgebiet Samberg vorbei. Ab Knotenpunkt 9 fahren wir in Richtung 10, schwenken aber schon vorher nach rechts auf den Radweg an der Steinfurter Straße, passieren den Kreisverkehr geradeaus und fahren im Ort nach links auf die Hauptstraße und dann nach rechts auf die Feuerstiege. Die rechter Hand der Straße liegenden denkmalgeschützten Bauernhöfe, gebaut aus hellem Baumberger Sandstein, gehören zum 7 / Künstlerdorf Schöppingen (www.stiftung-kuenstlerdorf.de, s. auch Tour 6). Hier leben und arbeiten in der ruhigen – und vielleicht auch anregenden – münsterländisch-dörflichen Atmosphäre etwa 40 Literatinnen, Bildende Künstler und

1998

wurde das Künstlerdorf Schöppingen eröffnet. Ideengeber, unablässiger Antreiber für die Realisierung des Projekts und erster Hausherr war Rolfrafael Schröer. Er schuf hier in münsterländisch-bescheidener Form das, was anderswo die Villa Massimo ist.

< links / Die Dinkel bei Nienborg ^ oben / Das Hohe Haus in Nienborg

Musikerinnen aus aller Welt, für ein Jahr durch ein Stipendium ihrer ökonomischen Sorgen entledigt. Träger des Künstlerdorfs ist eine Stiftung, in der die Gemeinde Schöppingen, der Kreis Borken, ein privater Förderverein und vor allem das Land NRW ihre Beiträge einbringen. Das Künstlerdorf – ein echter Gewinn für Schöppingen, mit einem Hauch von Weltläufigkeit.

DAHLIEN

Eine wahre Blütenpracht erleben wir ab Mitte Juli im Dahliengarten Legden. Etwas versteckt liegt dieses 4.500 m² große Kleinod südlich der Kirche St. Brigida mitten im Dorf. Zugänglich ist der Dahliengarten vom Kirchplatz und von der Kirchstraße aus.

Von Stiftsfräuleins in Asbeck und Kattenköppen in Legden

Vom Künstlerdorf aus fahren wir über die Amtsstraße und die Von-Galen-Straße in Richtung 91, 90, dann 89. Durch die Bauerschaften Ramsberg und Frettholt kommen wir auf ruhigen Wegen nach Asbeck. Hier stellen wir am besten unsere Räder an der Kirche ab und durchstreifen das schmucke Örtchen zu Fuß. Asbecks Historie ist untrennbar mit dem hier im 12. Jahrhundert gegründeten Kloster und Damenstift verbunden. Durch diverse Schenkungen kam das Kloster schon früh zu beträchtlichem Reichtum, wovon Bauten aus jener Zeit zeugen. Am auffälligsten darunter ist sicherlich das 8 / Dormitorium Asbeck, das ehemalige Schlafhaus der adeligen Stiftsfräulein. Um 1200 wurde das romanische Gebäu-

1340

In diesem Jahr wurde im früheren Wohnhaus der Äbtissinnen des 8 / Klosters Asbeck der Fachwerkraum errichtet, der heute noch zu sehen ist. Eine Fülle weiterer historischer Details kann im Haus bestaunt werden. Im Gebäude befindet sich ein Laden für gehobene Souvenirs (www.im-kreuzgang.de).

de mit der zweistöckigen Arkadengalerie des Kreuzgangs errichtet. Etwas älter ist die benachbarte Kirche St. Margareta, unverkennbar der romanische Baustil. Die Hunnenporte – der frühere Eingang zum Stiftsbezirk –, die Stiftsmühle, das frühere Äbtissinnenhaus und weitere Gebäude geben Zeugnis von der früheren Blüte Asbecks als Stiftsdorf. Nicht zu verachten ist auch die unter Linden und im Schatten der Kirche liegende Gastwirtschaft, die uns zu einer Pause einlädt. Anschließend fahren wir Richtung 88 und kommen in den historischen Ortskern von Legden. Auch hier stellen wir unser Rad am besten wieder an der Kirche ab und erkunden das historische Häusergeknubbel am 9 / Busshook zu Fuß. In dem benachbarten Sträßchen Hahnenhook können wir über das denkmalgeschützte Kopfsteinpflaster (sogenannte Kattenköppe) aus früheren Jahrhunderten laufen. Am Nordrand des Kirchplatzes ist noch gut sichtbar, wie früher eine Kirchhofsburg, ein Schutzring um die Kirche, angelegt wurde. Wir verlassen den Dorfkern in westliche Richtung und kommen zum Ziel unserer Tour, dem 1 / Bahnhof in Legden.

< links / Dormitorium Asbeck ^ oben / Hunnenpforte in Asbeck

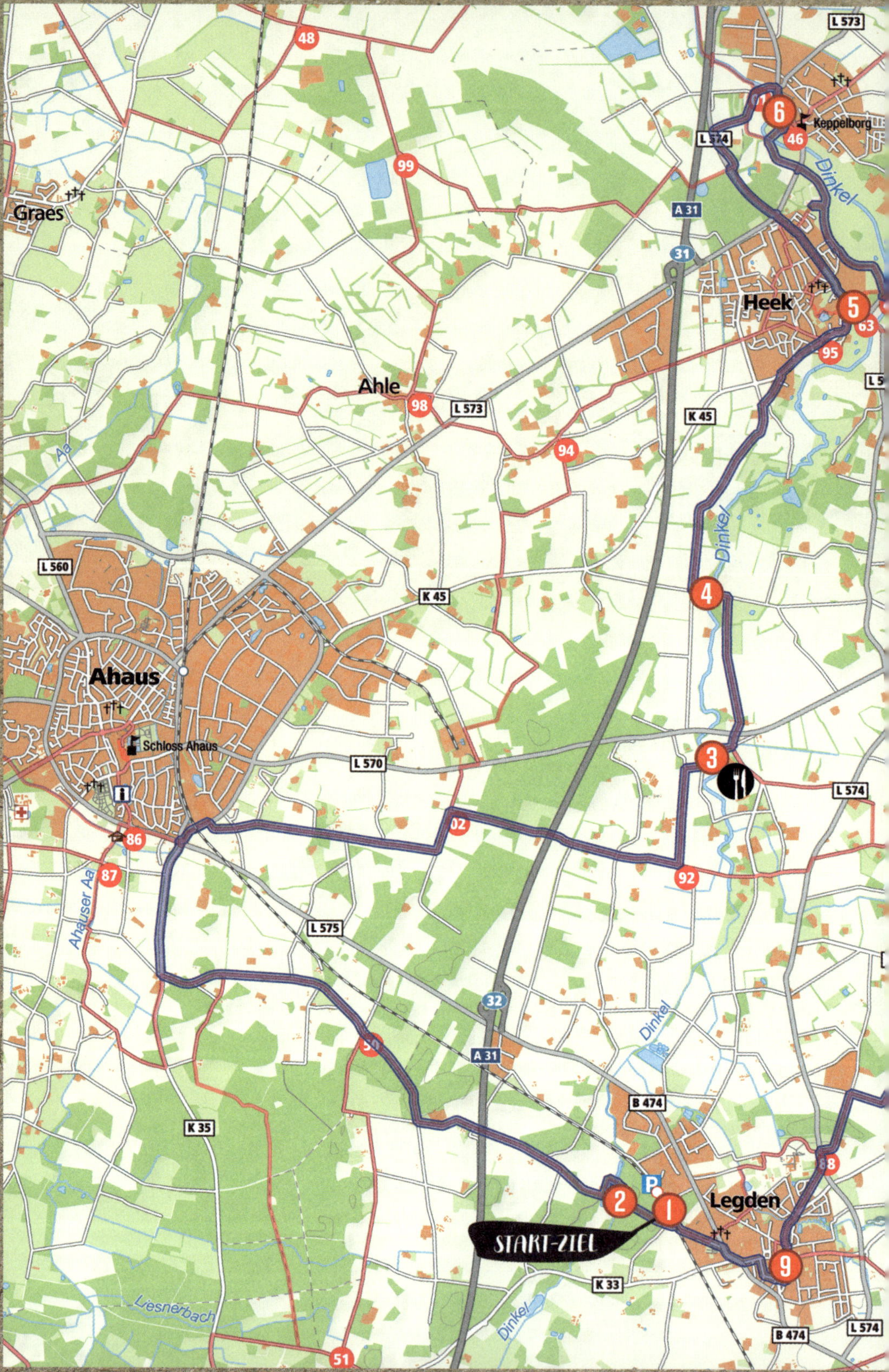

Graes
Ahle
Heek
Ahaus
Schloss Ahaus
Legden
Keppelborg
START-ZIEL
Dinkel
Ahauser Aa
Aa
Liesnerbach
L 573
L 574
L 560
L 570
L 575
K 45
K 35
K 33
B 474
A 31
31
32
1
2
3
4
5
6
9
48
99
98
94
46
63
95
02
92
86
87
50
51
88

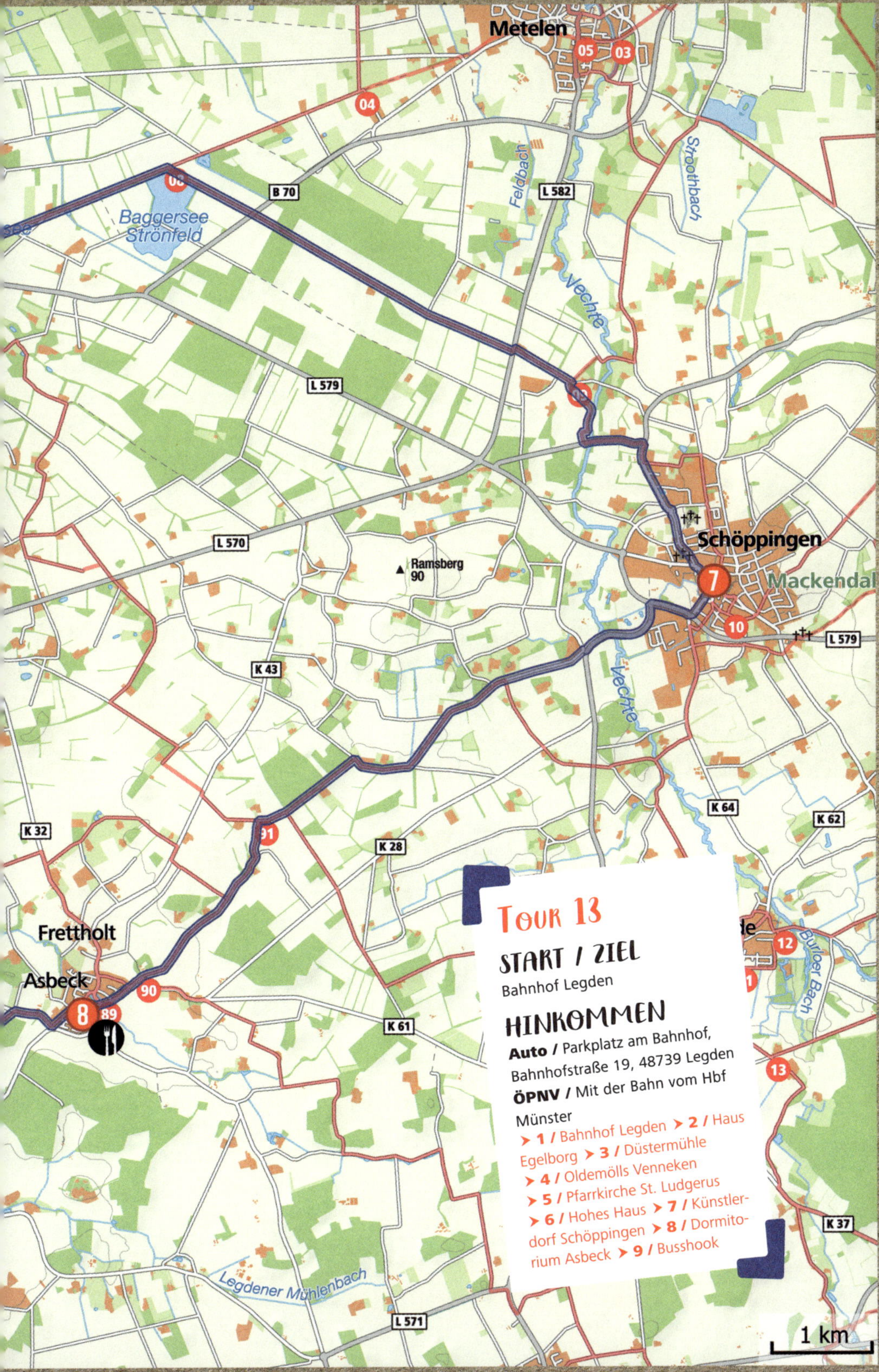

Tour 13

START / ZIEL

Bahnhof Legden

HINKOMMEN

Auto / Parkplatz am Bahnhof, Bahnhofstraße 19, 48739 Legden

ÖPNV / Mit der Bahn vom Hbf Münster

➤ **1** / Bahnhof Legden ➤ **2** / Haus Egelborg ➤ **3** / Düstermühle ➤ **4** / Oldemölls Venneken ➤ **5** / Pfarrkirche St. Ludgerus ➤ **6** / Hohes Haus ➤ **7** / Künstlerdorf Schöppingen ➤ **8** / Dormitorium Asbeck ➤ **9** / Busshook

AHOI STORCHENDORF!

Ich mag die herbe Schönheit der Bislicher Insel und auch das andere Rheinufer: per Personenfähre übersetzen und das Storchendorf Bislich entdecken.

➤ **1 /** Los geht es am Naturforum Bislicher Insel, wo wir am Ende auch wieder ankommen

➤ **2 /** Flora und Fauna faszinieren im Naturschutzgebiet Bislicher Insel

➤ **3 /** Eine Pause empfiehlt sich am Gradierwerk des kleinen, aber feinen Kurpark Xanten

➤ **4 /** In den Mauern der Kriemhild-Mühle wird noch mit der Kraft des Winds gemahlen und gebacken

➤ **5 /** Vorbei an der imposanten Mauer des APX – Archäologischer Park Xanten

➤ **6 /** Die Südsee ist mit einem kleinen Kanal mit der Nordsee verbunden

➤ **7 /** Im Lieblingscafé genießt man Kaffee und Kuchen in Sichtweite des Rheindamms

➤ **8 /** Ein toller Bau, die Wallfahrtskirche St. Mariä Himmelfahrt

➤ **9 /** Über den herrlichen Alleenradweg frei von motorisiertem Verkehr zurück nach Xanten

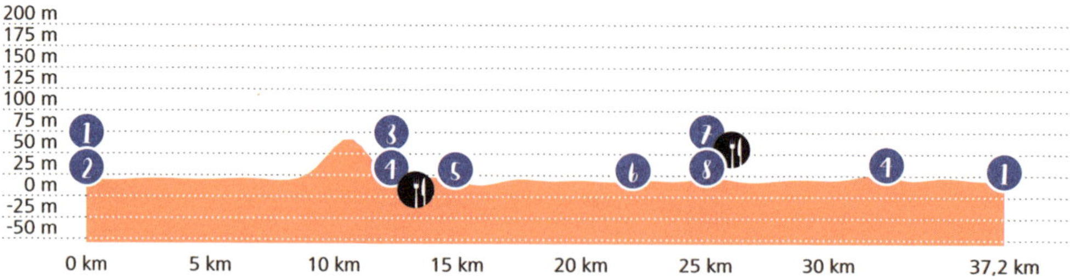

CIRCUM XANTEN

Bislicher Insel, Kurpark, Südsee und Alleenradweg entdecken

Diese Tagestour kann man als vollkommene Acht bezeichnen. Zum einen, weil sie eine Acht beschreibt, zum anderen, weil acht tolle Sehenswürdigkeiten am Wegesrand liegen! Es geht dabei vorbei am Kurpark, an der Südsee, durch ein Naturschutzgebiet und einen Wallfahrtsort, über den Rheindeich und den Alleenradweg, vorbei am Archäologischen Park und an der Kriemhild-Mühle.

37 Kilometer
110 Höhenmeter ▲
110 Höhenmeter ▼
2:30 Stunden
Rundtour

Natur pur auf der Bislicher Insel

Wir beginnen unsere Tour am 1 / Naturforum Bislicher Insel (Di–So 10–17/18 Uhr, Bislicher Insel 11, 46509 Xanten, rvr.ruhr). Nach einem Rundgang in diesem kleinen, aber feinen Infozentrum halten wir uns mit der Tür in unserem Rücken links und rollen in das 2 / Naturschutzgebiet ein. Auf einer wenig befahrenen Straße geht es durch die einzigartige Landschaft der Bislicher

CHARAKTER

Sportlich ●●○○○
Abkühlung ●●○○○
Schlemmen ●●●○○
Panorama ●●●●○

TOURENINFO / Gut befahrbare Asphalt- oder Naturwege, gut geeignet für Familien mit Anhängern, nur eine Steigung unterwegs. Die vielen Tiere am Wegesrand sorgen für Abwechslung. Im Sommer lockt die „Südsee“ zum Füßebaden, ein Strandbad gibt es an der „Nordsee“.

< links / Blick aus der Beobachtungshütte auf die reiche Tier- und Pflanzenwelt der Bislicher Insel

Insel. Herbe Naturschönheiten begleiten uns auf dem ersten Teil der Tour und auch die ein oder andere Tierbeobachtung lässt sich vom Fahrradsattel aus machen. Es geht über den Deich und durch das Örtchen Werrich, wo wir rechts in die Werricher Straße abbiegen. Kuhdung-Duft begleitet uns. In Ginderich prägt die imposante Kirche das Dorfbild. Rechts in Bergacker einbiegen. An der T-Kreuzung halten wir uns links, danach gleich wieder rechts. Wenn wir an die Xantener Straße treffen, biegen wir rechts auf den Radweg. Nachdem wir ein Stück an dieser Landstraße gefahren sind, müssen wir rechts durch ein kleines Metallgatter in einen schmalen Weg abbiegen, der uns auf den Deich hinaufbringt. An der Gabelung geht es für uns links weiter, um parallel zum Deich zu fahren. Am Ende des Deichweges, an der Vorfahrtsstraße, überqueren wir diese und nehmen sofort die erste links Richtung Amphitheater Birten. Rechts liegt erhöht eine Kirche, der Knotenpunkt 53 ist erreicht. Wir fahren weiter geradeaus in die Römerstraße, eine Allee. An dieser Kreuzung liegt das Restaurant Zum Amphitheater und das gleichnamige Theater selbst ist in 200 Metern erreicht. Ein schmaler asphaltierter Weg steigt stetig bergan und führt uns in ein kleines Wäldchen. Danach geht es schwungvoll ein Stück hinab, wir überqueren eine Vorfahrtsstraße bei Knotenpunkt 25 und kommen nach Xanten.

MEERESLUFT ATMEN

Das Gradierwerk im 3 / Kurpark Xanten lädt dazu ein, tief durchzuatmen. Verwöhne deine Lungen hier mit der wohltuenden Wirkung der salzhaltigen Luft.

Nach Xanten hinein

Vor dem Restaurant An de Poort biegen wir links in den Westwall. Auf unserer linken Seite liegt der hübsche 3 / Kurpark Xanten mit dem Gradierwerk. Hier rieselt über ein imposantes Holzgerüst Sole herab, sodass die Luft in der direkten Umgebung Heilwirkung hat. Nach einer Atempause im wahrsten Sinne des Wortes fahren wir rechts und direkt auf das SiegfriedMuseum zu, wo es, den Radschildern Richtung Rees folgend, nach links geht. Wir fahren durch

---

➤ rechts oben / Flutmulde auf der Bislicher Insel ➤ rechts Mitte / Fernglas auspacken auf der Bislicher Insel, zum Beispiel für den Eisvogel

10,53 KM²

So groß ist das 2 / Naturschutzgebiet Bislicher Insel. In dieser Auenlandschaft, die in Deutschland selten ist, brüten jährlich drei Storchenpaare. Bis zu 30.000 arktische Wildgänse überwintern hier und Pirole, Schwarzmilane und Baumfalken, aber auch seltene Schmetterlingsarten sind ebenfalls heimisch.

Kriemhild-Mühle

Die **4 / Windmühle** wird von Bäckermeister und Windmüller (NL) Rolf Peter Weichold betrieben, der nur Naturzutaten verwendet und täglich frisches Brot backt.

die hübsche Altstadt auf das historische Stadttor zu, vor dem wir rechts abbiegen. Schon ist die 4 / Kriemhild-Mühle erreicht (tgl. 8:30–18:30 Uhr, Nordwall 5, 46509 Xanten, kriemhild-muehle.de). Mit der Stadtmauer zur Linken geht es weiter, an deren Ende links auf den Kreisverkehr zu, den wir geradeaus überqueren. Neben uns liegt der 5 / APX – Archäologischer Park Xanten (tgl. 10–18 Uhr, Am Rheintor, 46509 Xanten, apx.lvr.de). Am Varusring geradeaus hinüber ist links vor uns die Südsee, ein herrlicher Baggersee, erreicht. Wir radeln am Antikgeschäft vorbei, biegen links in die Straße Am Blauen Stein.

Wasser, Wasser und noch mehr Wasser

Südsee, Nordsee und Rheindeich

Es geht geradeaus in einen geschotterten Weg, am Ende rechts, schon radeln wir direkt am Ufer der glitzernden 6 / Südsee. Durch ein grün-weiß gestreiftes Gatter verlassen wir das Seeufer nach rechts und biegen links auf eine kleine wenig befahrene Asphaltstraße. Wardt ist erreicht, wir fahren links-rechts. An der T-Kreuzung links, an der nächsten rechts. Danach rechts auf den Deich, hoch in

die Straße Haus Grind. Auf der Deichkrone links abbiegen, oben auf dem Deich weiter. Vom Deich aus bieten sich schöne Weitblicke – nach rechts über die Nordsee und nach links über schier endlose Kuhweiden. Wir radeln an einem Denkmal des Schiffvereins Vynen vorbei. Rechts ist auch schon der „Vater Rhein" zu sehen. Auf dem mächtigen Fluss herrscht reges Treiben. Freizeitkapitäne schippern mit kleineren Motorbooten rheinauf- oder abwärts, riesige Transportschiffe schieben sich durch das mächtig dahinfließende Wasser.

Auf zum Wallfahrtsort Marienbaum

Am Knotenpunkt 45 biegen wir links Richtung Marienbaum ab. An der Ecke liegt das 7 / Lieblingscafé mit schöner Außenterrasse, wo wir für die fantastischen Eiskreationen wie „Abschied aus der Sonne" einen Stopp einlegen (1. & 3. Wochenende/Monat, Fr–So 17–22 Uhr, Rheindamm 87, 46509 Xanten, unser-lieblingscafe.de). Wir folgen der Vorfahrtsstraße geradeaus und kommen an einer Pferdewiese vorbei. Auf dieser Tour sieht man wirklich alles, was die niederrheinische Tierwelt zu bieten hat: Raubvögel, wilde Kaninchen, Schafe, braungefleckte und schwarzbunte Kühe, Martinsgänse, Störche, Hühner, Pferde, Ponys … An der kleinen Straße geht es

X

Xanten ist die einzige deutsche Stadt, die mit einem „X" beginnt. Zur Römerzeit eine der größten Metropolen in Germanien, ist das hübsche Städtchen heute zugleich Luftkurort, Siegfried- und Römerstadt und einen Besuch wert. Man kann sogar im Stadttor übernachten!

< links / Vorbei an den Wehrtürmen des archäologischen Parks
^ oben / Südsee und Nordsee liegen gleich nebeneinander

geradeaus in die Sackgasse weiter. Mit etwas Glück hört man hier bereits die Glocken der 8 / Wallfahrtskirche St. Mariä Himmelfahrt in Marienbaum (Klosterstraße 17, 46509 Xanten, sankt-viktor-xanten.de). Links liegt das Wallfahrtsheim, wir biegen rechts in die Klosterstraße und rollen auf die Kirche zu. Anschließend geht es am Kirchenschiff links vorbei Richtung Museum. Nach dem Kirchenvorplatz biegen wir links ab, überqueren die Vorfahrtsstraße und halten uns wieder links. Nach wenigen Metern rechts in die Uedemer Straße bis Knotenpunkt 44.

RAD-HIGHWAY

Knapp acht Kilometer reinstes Radvergüngen ohne störenden Autoverkehr verspricht der 9 / Alleenradweg, der auf einer ehemaligen Bahntrasse schnurgerade verläuft.

Radvergnügen auf dem Alleenradweg

Wir biegen hier links auf den 9 / Alleenradweg, auf dem wir schnurstracks geradeaus für gute sieben Kilometer bis nach Xanten rollen. Die Radstrecke macht ihrem Namen alle Ehre, alle paar Meter sind Bäume gepflanzt. Es müssen einige Straßen gekreuzt werden. Schließlich radeln wir am Knotenpunkt 43 vorbei. Links sehen wir wieder das Gelände des Archäologischen Parks mit dem auffälligen Gebäude des Römermuseums. Dann liegt am Weg ein Gutshof und hier heißt es „Vorsicht vor freilaufenden Hühnern", die gern auch am Radweg nach Essbarem picken. Wenn der Radweg

HALLELUJAH!

Ein Wallfahrtsort am Niederrhein? 8 / Marienbaum zieht jährlich 15.000 Wallfahrer an. Begonnen hat die Wallfahrtshistorie mit einer Sage um einen gelähmten Hirten, dem im Jahre 1430 ein „Trappenboom", ein treppenförmiger Baum, im Traum erschienen sein soll, ihn zu einer Statue führte und ihm Heilung brachte.

endet, liegt links die Verwaltung des APX. Am Ende dieses Gebäudes biegen wir links in einen schmalen Radweg ein. An dessen Ende in den Erprather Weg, dann rechts in die Siegfriedstraße und links ins Sträßchen Am Eulenturm. Jetzt können wir wieder die schöne historische Atmosphäre Xantens genießen. Es geht rechts durch das Klever Tor, danach gleich links und an der Kriemhild-Mühle vorbei. Wie auf dem Hinweg mit der Stadtmauer zur Linken radeln wir bis zum Kreisverkehr, in diesem aber rechts auf den Radweg und auf diesem an der Grünanlage mit Spielplatz entlang. Dann geht es in einem Linksschwung hinauf und weiter parallel zum Varusring. An der Ampelkreuzung links in die Gelderner Straße (Richtung Bislicher Insel). Vor dem Restaurant Zur Rheinfähre folgen wir dem Rechtsknick der Straße (oder setzen, wenn wir noch Lust auf eine kleine Bootspartie haben, mit der Fähre Keer Tröch (Palmso.–31.10. Mi, Fr–So, Fei, bislich.de) ans andere Rheinufer über) und sind bald wieder am Ausgangspunkt 1 / Naturforum Bislicher Insel unserer schönen Acht angelangt.

< links / Unterwegs auf dem Alleenradweg ^ oben / Blick vom Alleenradweg auf die Kriemhild-Mühle, den Xantener Dom und das Römermuseum

Grindsee
Roosenhofsee
Rhein
K 7
57
45
6
L 8
Marienbaum
K 10
Vynen
7
8
44
Hohe Ley
Xantener Nordsee
Haus Balken
L 5
Wardt
21
B 57
K 37
Pistley
Xantener Südsee
Niedere Ley
5
Lüttingen
L 6
Hohe Ley
22
39
40
Willichsche Ley
Haus Erprath
4
Xanten
3
42
47
K 5
K 5
52
K 23
Fürstenberg
75
23
50
Labbeck
Tacke Ley
Heesberg
74
48
Wolfsberg
74
K 23
49
24
Hohe Ley
Veener Ley
K 21

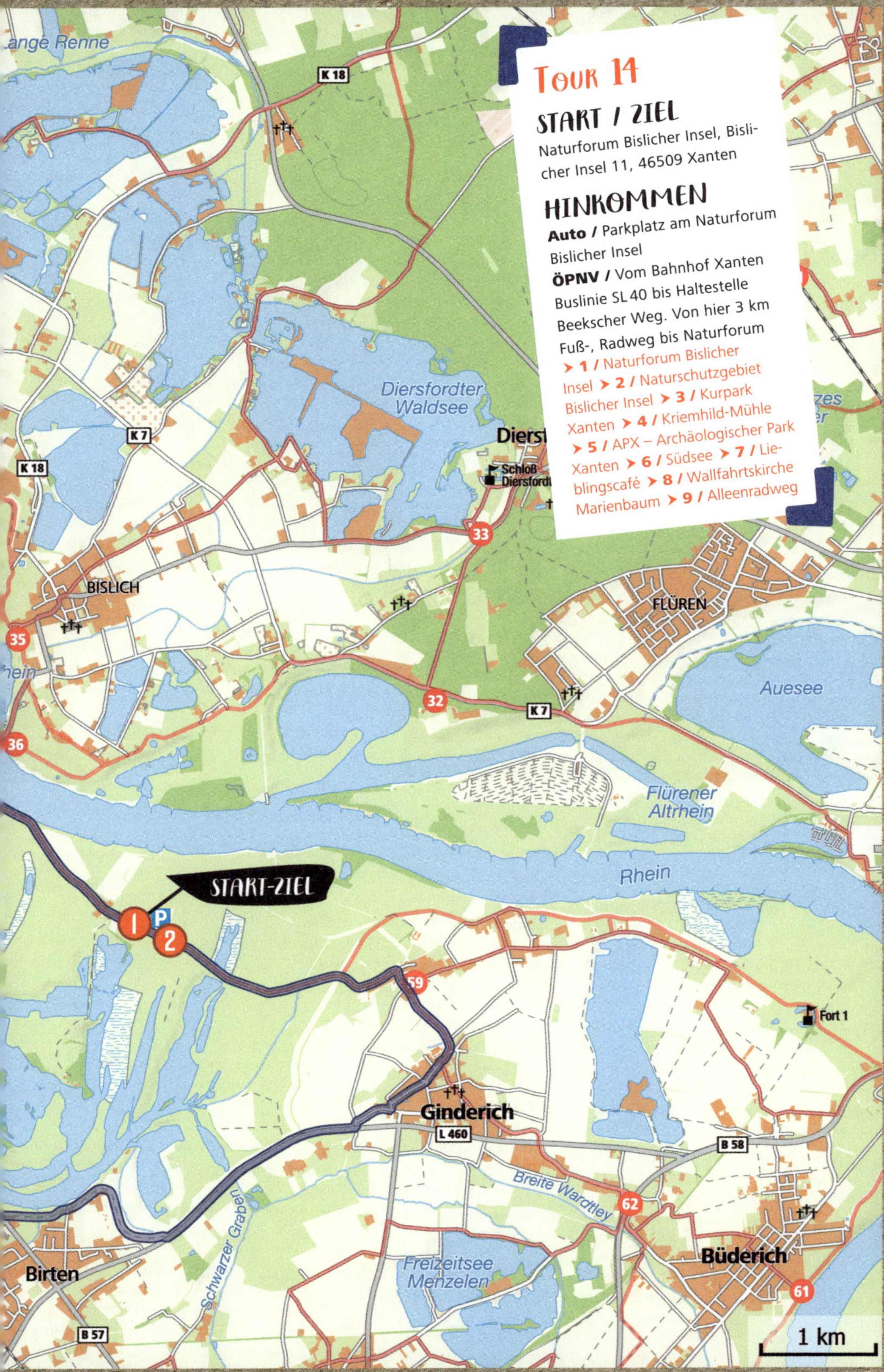

Tour 14

START / ZIEL

Naturforum Bislicher Insel, Bislicher Insel 11, 46509 Xanten

HINKOMMEN

Auto / Parkplatz am Naturforum Bislicher Insel

ÖPNV / Vom Bahnhof Xanten Buslinie SL 40 bis Haltestelle Beekscher Weg. Von hier 3 km Fuß-, Radweg bis Naturforum

➤ **1 /** Naturforum Bislicher Insel ➤ **2 /** Naturschutzgebiet Bislicher Insel ➤ **3 /** Kurpark Xanten ➤ **4 /** Kriemhild-Mühle ➤ **5 /** APX – Archäologischer Park Xanten ➤ **6 /** Südsee ➤ **7 /** Lieblingscafé ➤ **8 /** Wallfahrtskirche Marienbaum ➤ **9 /** Alleenradweg

Schauen, Schlemmen, Schwimmen

Ich liebe an dieser Tour die romantischen Wassermühlen und den Sprung in den Effelder Waldsee!

➤ **1 /** Am Parkplatz Venloer Straße starten und beenden wir die Tour

➤ **2 /** Starterkaffee trinken im Eiscafé Longo in der Wegberger Mühle

➤ **3 /** Tolle Gastronomie gibt's an der Ophover Mühle

➤ **4 /** Mühlenflair genießen beim Café am See der Holtmühle

➤ **5 /** Wirf einen Blick auf die funktionstüchtige Schrofmühle

➤ **6 /** Genieße Hausmannskost wie bei Oma im Restaurant Timmermanns

➤ **7 /** Perfekt für eine Fotosession sind die Raky-Weiher

➤ **8 /** An der Dalheimer Mühle entspannen

➤ **9 /** Verbringe etwas Zeit bei der Gitstapper Mühle

➤ **10 /** Spring zur Abkühlung in den Effelder Waldsee

➤ **11 /** Das Spargeldorf Effeld ist in der Spargelsaison legendär

➤ **12 /** Entspannen mit Schlossblick im Restaurant Tüschenbroichermühle

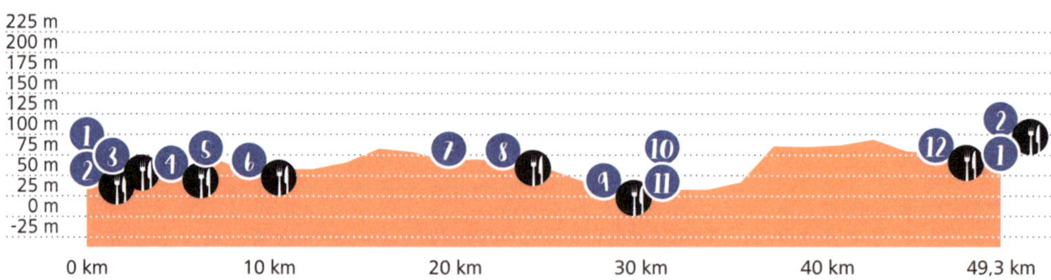

Wassermühlen-Hopping

Über Wegberger Wassermühlen zum Effelder Waldsee

Diese Tour startet in Wegberg und führt dich von Wassermühle zu Wassermühle mit tollen Einkehrgelegenheiten. Über einen charmanten Abstecher in die Niederlande – natürlich mit Mühle – geht es zum Baden an den idyllischen Effelder Waldsee.

50 Kilometer
140 Höhemeter ▲
140 Höhemeter ▼
3:10 Stunden
Rundtour

Es klappert die Mühle …

Wegberg, an der Grenze zu den Niederlanden liegend, trägt nicht umsonst die Bezeichnung Mühlenstadt, befinden sich doch 14 historische Mühlen im Umkreis. Wir machen uns vom 1 / Parkplatz Venloer Straße auf den Weg zu zehn davon und biegen dafür erstmal links ab.
Über die Burgstraße passieren wir die Burg Wegberg und erreichen mit der Wegberger Mühle nach dem Parkplatz Burgforum unsere erste Wassermühle, in der das 2 / Eiscafé Longo auf einen Startkaffee

Charakter

Sportlich ●●●○○
Abkühlung ●●●●●
Schlemmen ●●●●●
Panorama ●●●○○

Toureninfo / Die Tour ist auch für Familien mit Anhänger gut fahrbar, gute Wegeoberflächen und Beschilderung, viele Einkehrpunkte, kaum Höhenmeter, Top-Spielplatz an 9 / Gitstapper Mühle, Badesachen nicht vergessen!
E-Bike-Ladestelle: 2 / Café Longo 3 Ladestellen mit je 2 x Schuko

---

◂ links / Mühlen wie die Gitstapper Mühle sind ein Erlebnis für die ganze Familie

einlädt (tgl. 9–19 Uhr, Rathausplatz 21, 41844 Wegberg). Wir folgen anschließend dem rot-weißen Radwegweiser Richtung Knotenpunkt (KP) 71 Wegberg Zentrum, von dem es Richtung KP 70 Erkelenz weitergeht. Wir befinden uns hier gleichzeitig auf der Mühlenroute, der wir aber nicht durchgehend folgen werden. Wir verlassen das Stadtzentrum, biegen rechts Richtung KP 70 Ophover Mühle ab und radeln nach etwa 20 m links auf schmalem Weg weiter. So erreichen wir die 3 / Ophover Mühle (Di–Sa 9–22, So 10–21 Uhr, Forst 14, 41844 Wegberg) mit hübscher Seeterrasse und glasüberdachtem Innenhof. Weiter Richtung KP 70 begleiten wir ihren Mühlenteich, überqueren eine kleine Brücke und fahren parallel zum kleinen Beeckbach. Wir erreichen eine Straße und folgen hier nicht KP 70, sondern biegen links ab, überqueren die Beecker Straße und folgen dem Heidekamp auf dem Radweg, bis wir rechts auf die Straße Am Bahnhof biegen. An der T-Kreuzung überqueren wir die Bahngleise nach links und nehmen nach dem Tümpel den nach rechts abzweigenden, schmalen Weg Richtung Schwalmtal. Er führt uns über den Grenzlandring geradeaus Richtung KP 68 Holtmühle. Direkt am hübschen Mühlenteich gelegen, lädt uns das 4 / Café am See der Holtmühle (Holtmühlenweg 2, 41844 Wegberg) zur Einkehr ein. Wir setzen die Tour Richtung KP 68 Schrofmühle fort und biegen gleich rechts Richtung KP 68 ab. Der Route auf der Straße folgend, stoßen wir auf die Straße Schrofmühle. Hier machen wir einen 200 m-Abstecher links zur 5 / Schrofmühle, der einzigen funktionstüchtigen Getreide- und Ölmühle im Rheinland. Zurück am Abzweig setzen wir die Tour fort zur ausgeschilderten, schattig im Wald gelegenen Molzmühle. Wir radeln weiter Richtung KP 68 zu einem echten Einkehrhighlight inmitten reetgedeckter Fachwerkhäuser, dem 6 / Restaurant Timmermanns (Di–So ab

GROSSER STAUWEIHER

Der nach Tüschenbroich größte Stauweiher am 4 / Café am See der Holtmühle sicherte noch bis 1954 den Betrieb des 6 m Durchmesser großen Wasserrads.

➤ rechts groß / Schönes Mühlrad und tolle Gastronomie an der Ophover Mühle ➤ rechts klein / Mitten im schattigen Wald liegt die Molzmühle mit Holzmühlrad

KM 1

Du entdeckst auf dieser Tour zahlreiche bewirtschaftete und unbewirtschaftete Mühlen, wobei der Schwerpunkt auf den bewirtschafteten wie hier der 3 / Ophover Mühle liegt, die eine wunderbare Gastronomie bietet. Der Mühlentrieb der mit einem unterschlägigen Eisenrad betriebenen Mühle lief bis 1957.

URIG UND LECKER

Hier musst du eine Pause machen. Im **6 / Restaurant Timmermanns** bekommst du die beste Hausmannskost in uriger und liebevoller Atmosphäre.

10, warme Küche 12–20 Uhr, Zum Thomeshof 4, 41844 Wegberg-Schwaam), das uns etwa 1,5 km weiter am KP 68 in Schwaam mit bester Hausmannskost erwartet. Nach unserer Pause links Richtung KP 67 Merbeck abbiegend, folgen wir dem Straßenverlauf, bis wir, Venheyde verlassend, rechts versetzt auf schmalerem Weg geradeaus weiterfahren. Von KP 67 fahren wir Richtung KP 78 Arsbeck nach Tetelrath und befinden uns hier wieder auf der Mühlenroute. Wir radeln entspannt entlang hübscher Höfe zum KP 78 und halten uns weiter geradeaus übers Feld Richtung KP 77 Arsbeck. An der Naturerbefläche Arsbeck der Deutschen Bundesstiftung Umwelt, einem ehemaligen britischen Militärgebiet, fahren wir links ab. Von KP 77 geht es rechts weiter Richtung KP 76 Wassenberg. Entlang eines verfallenen Gebäudes, dem früheren Weinkeller der Villa Raky, passieren wir das schmucke ehemalige Pförtnerhäuschen und die weitläufigen 7 / Raky-Weiher, die man zu revitalisieren versucht. Von der Villa des Erkelenzer Bergbaupioniers Anton Raky, dessen Bohrtürme in der ganzen Welt standen, ist nichts mehr übrig. Das renovierte ehemalige Wohnhaus der Pförtners mit Pavillon sorgt aber für Postkartenidylle am See. Wir erreichen KP 76, folgen dem

VERGANGENER GLANZ

Weg rechts Richtung KP 95 Dalheim bergab durch eine Unterführung und links auf dem Radweg vorbei am Bahnhof Dalheim. Etwa 900 m weiter machen wir einen kurzen Abstecher links zur bewirtschafteten, 8 / Dalheimer Mühle (Fr, So 12–18 Uhr, Dalheimer Mühle, Mühlenstraße 15, 41844 Wegberg) mit leckeren Snacks und Süßspeisen. Erstmals 1231 erwähnt, musste sie bereits zwei Mal nach Bränden wiederaufgebaut werden.

Niederländisches Flair

Zurück auf der Route halten wir uns Richtung KP 95 Midden-Limburg (NL Vlodrop), um etwa 1,3 km weiter in den Niederlanden zu sein. Von KP 95, direkt am Nationalpark De Meinweg gelegen, geht es Richtung KP 55 an der Vlodrop Station vorbei, einst Grenzstation der Bahnverbindung zwischen den Häfen von Antwerpen und Duisburg. Über KP 70 führt unsere Route über einen schönen Nebenweg der Straße durch das Schutzgebiet Richtung KP 56. Von KP 57 kehren wir linkerhand in eins der beiden Restaurants der 9 / Gitstapper Mühle ein (Restaurant Aan De Hoeve, Mo–So 10–20 Uhr, Gitstappermolenweg 3, Vlodrop, NL). Neben einem großen Spielplatz lockt auf den Außenterrassen besonders die freundliche Bedienung mit typisch niederländischem Charme. Ab und an dreht sich das alte Mühlrad und du kannst die hübsche Mühle auch besichtigen (Mi–Do, Sa–So 10.30–17, Fr 10.30–15 Uhr, Gitstappermolenweg

KM 28

Die 9 / Gitstapper Mühle ist schon ein besonderes Erlebnis. Hier gibt's neben der Mühle mit Mühlenshop auch zwei Restaurants sowie einen grandiosen Outdoorspielplatz für Kinder (März–Okt. 10–19 Uhr, Eintritt 4 € inkl. 1 Token)!

< links / Jetzt aber Pause – Hausmannskost im Restaurant Timmermanns
^ oben / Ein hübscher Ort zum Anhalten sind die Raky-Weiher

3, Vlodrop, NL). Zurück an KP 57 fahren wir weiter Richtung KP 71 und biegen in Etsberg links ab. Entlang einiger Apfelplantagen passieren wir KP 71 und und radeln vom Wegekreuz aus links weiter.

Ab in den See

Über den Grenzübergang Effeld fahren wir am 10 / Effelder Waldsee geradeaus, um etwa 300 m weiter links die Badestelle (Eintritt 5,50 €) und den Amici Beach Club zu erreichen (Sommer tgl. bis 23 Uhr, sonst abweichend, Bruchstraße 32, 41849 Wassenberg). An diesem wunderbaren Waldsee musst du einfach baden gehen! Die Route führt uns dann am See entlang Richtung KP 25 Birgelen durch das 11 / Spargeldorf Effeld, Publikumsmagnet mit seinem Spargelfest an Christi Himmelfahrt. Über KP 25 verlassen wir Effeld zum KP 24. Der hervorragende Radweg, der zum schnellen Radeln animiert, trägt uns über KP 28 rasch durch Birgelen zum KP 27. Von hier wenden wir uns rechts Richtung KP 74, den wir am Kreisverkehr vor Wildenrath erreichen. Wir halten uns nun Richtung KP 73 Tüschenbroich, passieren ein riesiges Eisenbahn-Testgelände, bis 1992 Nato-Flugplatz der Royal Air Force, und folgen dem Weg weiter über Felder. Schließlich überqueren wir die Straße nach Tüschenbroich und

KM 32

Hier ist alles fest in der Hand des Spargels. In der Spargelsaison treffen sich Fans des weißen Golds in den Restaurants des auch offiziell auf dem Ortsschild so benannten 11 / Spargeldorfs Effeld. Und an Christi Himmelfahrt strömen die Besucher alljährlich zum Spargelfest.

folgen wieder dem ausgeschilderten Mühlenweg. Kurz darauf erreichen wir KP 73 und biegen links ab Richtung KP 72.

Mühlen-Auszeit

Wir verlassen Tüschenbroich und biegen kurz vor KP 72 rechts ab zur in Sicht befindlichen Tüschenbroicher Mühle. Auf gekiestem Weg radeln wir auf das Tüschenbroicher Schloss zu, hier gabelt sich der Weg. 200 m nach rechts erreichst du die frühere Ölmühle Tüschenbroich, zurück an der Gabelung kommst du 100 m links zum 12 / Restaurant Tüschenbroichermühle, perfekt für eine letzte Auszeit auf der Seeterrasse mit Schlossblick. Zurück an der Gabelung radeln wir über KP 72 schräg rechts Richtung KP 71 Wegberg und kommen nach Watern, wo wir einen kurzen Abstecher 30 m nach rechts zur ausgeschilderten Bockenmühle machen. Wir folgen dem Mühltalweg weiter am Mühlenteich entlang, verlassen den Ort und radeln geradeaus nach Wegberg hinein. Über die Marseiller Straße geht es rechts durch die Fußgängerzone zum KP 71. Von hier erreichen wir links Richtung Arsbeck über die Burgstraße und die Venloer Straße unser Ziel, den 1 / Parkplatz Venloer Straße.

KM 46

Von der Terrasse des 12 / Restaurants Tüschenbroichermühle hast du einen genialen Blick über den See und genießt selbstgebackene Waffeln und Kuchen.

< links / Die Ölmühle des Schlosses Tüschenbroich ^ oben / Das Tüschenbroicher Schloss liegt direkt beim Restaurant Tüschenbroicher Mühle

Tour 15

START / ZIEL

Parkplatz Venloer Straße, kostenfrei

HINKOMMEN

Auto / Parkplatz Venloer Straße, Venloer Str. 26, 41844 Wegberg
ÖPNV / Vom Bhf. Wegberg über die Straße „Am Bahnhof", Bahnhofstraße und Rathausplatz Einstieg in die Tour an der Wegberger Mühle mit ihrem Eiscafé Longo

➤ **1 /** Parkplatz Venloer Straße ➤ **2 /** Eiscafé Longo ➤ **3 /** Ophover Mühle ➤ **4 /** Café am See der Holtmühle ➤ **5 /** Schrofmühle ➤ **6 /** Restaurant Timmermanns ➤ **7 /** Raky-Weiher ➤ **8 /** Dalheimer Mühle ➤ **9 /** Gitstapper Mühle ➤ **10 /** Effelder Waldsee ➤ **11 /** Spargeldorf Effeld ➤ **12 /** Restaurant Tüschenbroichermühle

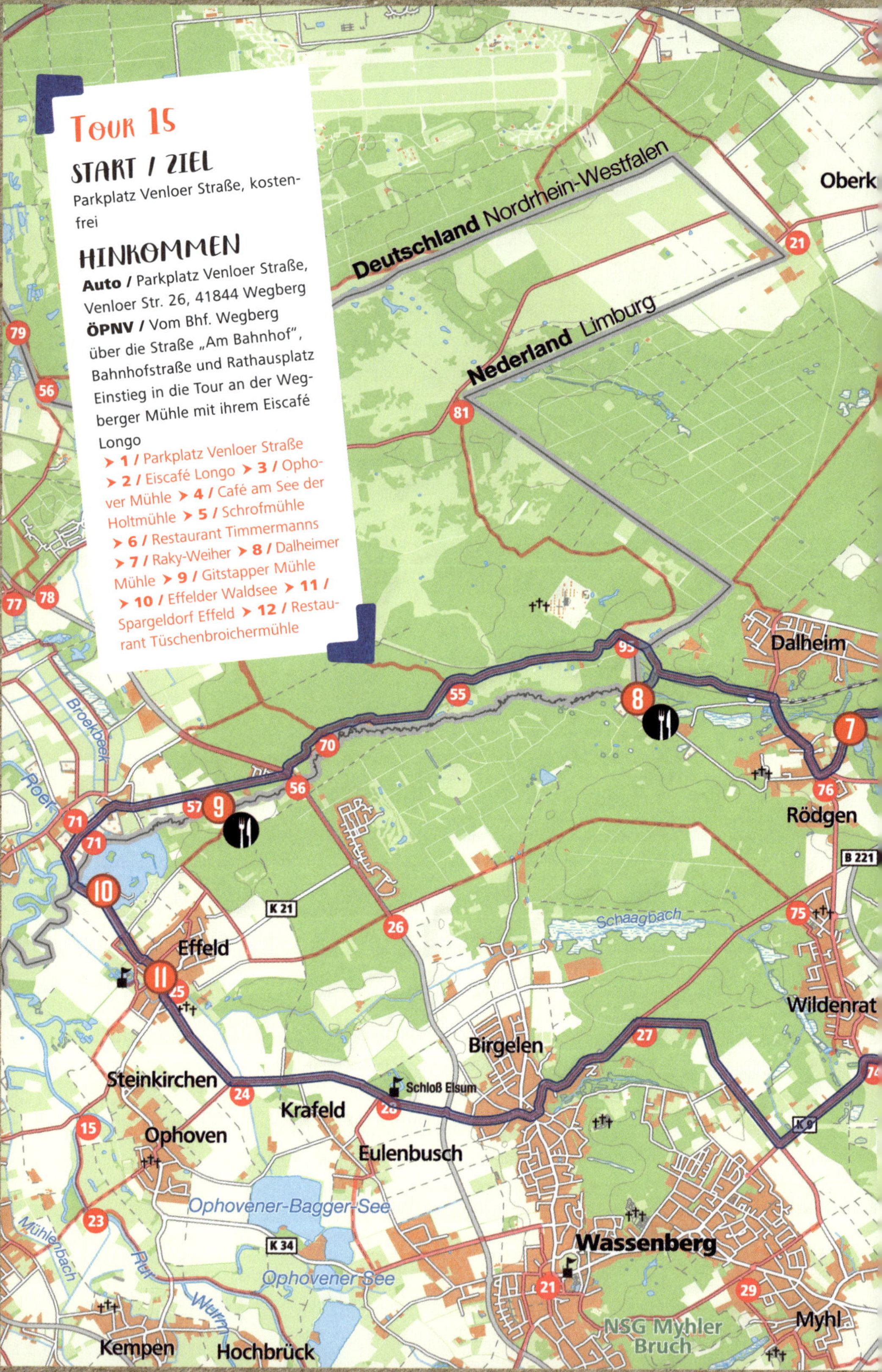

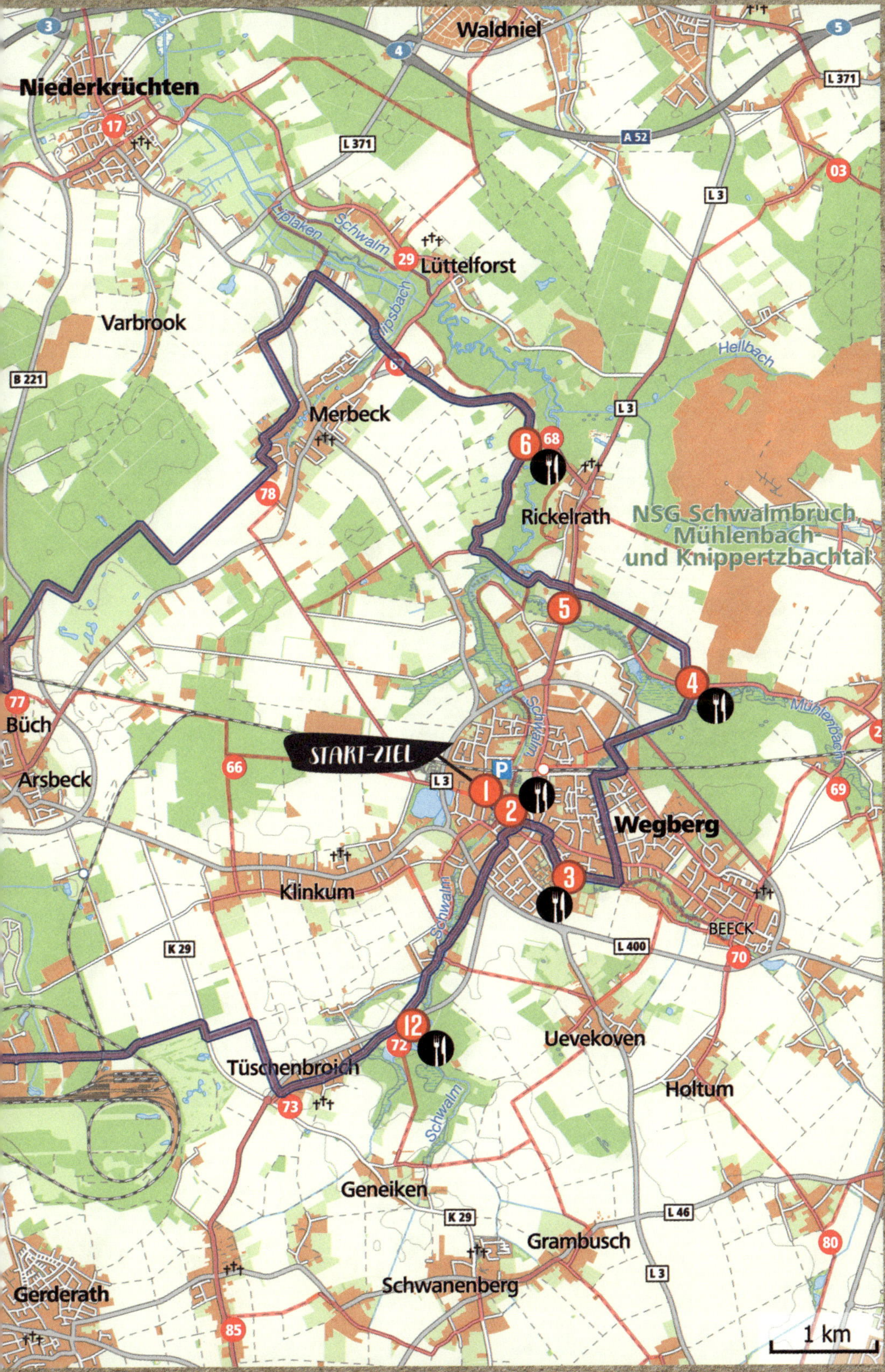

Waldniel
Niederkrüchten
Lüttelforst
Varbrook
Merbeck
Rickelrath
NSG Schwalmbruch, Mühlenbach- und Knippertzbachtal
Büch
Arsbeck
START-ZIEL
Wegberg
Klinkum
BEECK
Uevekoven
Tüschenbroich
Holtum
Geneiken
Grambusch
Schwanenberg
Gerderath
Schwalm
Hellbach
Mühlenbach
L 371
A 52
L 3
B 221
K 29
L 400
L 46
1 km

AB INS WASSER!

Ich radle die Tour am liebsten an heißen Sommertagen und nutze die schönen kostenfreien Badebuchten zur Abkühlung.

➤ **1 /** Wir starten und beenden die Tour am Parkplatz Rurberg

➤ **2 /** Radeln über die Staumauer Schwammenauel

➤ **3 /** Genieße die Aussicht auf den Stausee vom Hotel Restaurant Seehof

➤ **4 /** Durst löschen im Strandbad Beach Club Eifel

➤ **5 /** Ins Wasser springen am Badestrand Eschauel

➤ **6 /** Abkühlen an der Badestelle der Woffelsbacher Bucht

➤ **7 /** Genieße Atmosphäre und Kulinarik im Café am Ferienhof

➤ **8 /** Beste Konditorkunst im Café Henn

➤ **9 /** Leere Speicher füllen wir im Ufercafé

➤ **10 /** Nochmal ins Wasser springen am Naturfreibad am Rurseezentrum

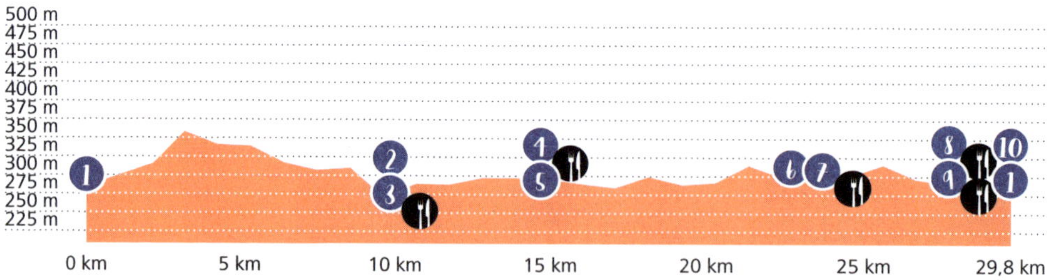

Juwel Rurstausee

Einen ganzen Tag baden und genießen

Die Tour führt ab Rurberg einmal um den wunderschönen Rurstausee, überquert die Staumauer und bietet neben schönen Einkehrpunkten auch tolle Bademöglichkeiten, genau das richtige für heiße Sommertage in der Eifel!

30 Kilometer
215 Höhenmeter ▲
215 Höhenmeter ▼
2:15 Stunden
Rundtour

Auf zur anderen Seeseite

Vom 1 / Parkplatz Rurberg fahren wir bergab und biegen an der Touristeninformation ab auf den Eiserbachdamm, der den zu unserer rechten Seite gelegenen Eiserbachsee vom Rursee trennt. Wir erreichen Knotenpunkt (KP) 64 und halten uns links Richtung KP 86 Heimbach über den Paulushofdamm, der Rursee und Obersee abgrenzt. Auf der anderen Seite rechts liegt die Anlegestelle Rurberg Obersee, von der du mit dem Schiff auf dem Obersee zur Urftstaumauer oder nach Einruhr fah-

Charakter
Sportlich ●●●○○
Abkühlung ●●●●●
Schlemmen ●●●●○
Panorama ●●●●●

Toureninfo / Tour auf weitgehend wassergebundenen Wegen, teils Asphalt, für Familien mit Anhänger fahrbar, jedoch einige kurze steile Anstiege. Mit mehreren Badestellen gut geeignet für Kinder, Badesachen nicht vergessen!
E-Bike-Ladestelle: Touristeninfo Rurberg, 3 Ladeboxen je 2x Schuko

---

◂ links / Radfahren, segeln, schwimmen – am Rursee ist vieles möglich

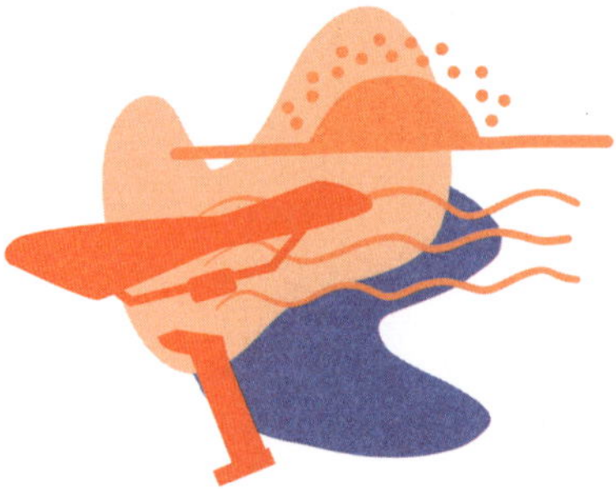

ren kannst. Wir halten uns zur Umrundung des Rursees links weiter Richtung KP 86 Heimbach. Der Weg geht bald in einen schmalen asphaltierten Weg über und führt uns auf den nächsten 2 km etwa 100 Höhenmeter gut fahrbar hinauf, ehe wir an der Weggabelung links dem Radwegweiser Richtung Staudamm Schwammenauel folgen. Es lohnt sich, immer wieder einmal auf diesem sehr natürlichen Abschnitt durch die Bäume zum Rursee hinabzuspähen. Moment, Rursee, Rurstausee oder Rurtalsperre – wie heißt er denn jetzt? Eigentlich ist es der Rurstausee, natürlich wird er als Stausee begrenzt durch eine Staumauer, die Rurtalsperre. Und im Volksmund wird er einfach „der Rursee“ genannt. Egal wie du ihn nennst, seine gewundenen Ufer und hübschen Buchten bieten Erholung pur. Das glitzernde Wasser mit seinen kleinen Segelbooten und den grünen Bergrücken der Eifel bietet ein faszinierendes Panorama. Ab und an zieht ein weißes Boot der Rursee-Schifffahrt seine Linien im Wasser zwischen den Anlegestellen des Rursees.

NAHERHOLUNGS-GEBIET RURSEE

Umgeben vom Naturpark Hohes Venn-Eifel und weiteren Naturschutzgebieten ist der Rursee inmitten einer grünen Lunge ein wahres Juwel der Region.

Staumauer

Nach etwa 9 km kommen wir über den Parkplatz Büdenbach und überqueren die 2 / Staumauer Schwammenauel. Sie bildet den Abschluss des Rursees, der mit den Vorsperren Obersee und Eiserbach 203,2 Mio. m³ Stauvolumen besitzt und damit der zweitgrößte Stausee Deutschlands ist! Ist dir eigentlich schon aufgefallen, dass die Rur ohne „h“ geschrieben wird, anders als die Ruhr im Ruhrgebiet? Ursprünglich wurde auch die Eifel-Rur mit „h“ geschrieben, doch zur Unterscheidung wird es seit etwa 1900 weggelassen. Im Laufe der Zeit wurden Ortsnamen angepasst, aber Einruhr am Obersee ist nach wie vor ein unverändertes Relikt dieser Zeit.

➤ rechts groß / Schiffsverkehr an der Staumauer Schwammenauel
➤ rechts klein / Auf dieser Seite des Rursees ergeben sich wundervolle Blicke durchs Laub

77,4 M

Das ist die Höhe der 1934–1938 erbauten 2 / Talsperre Schwammenauel, die 1939 in Betrieb genommen wurde. Wenn du über die Krone fährst, legst du 480 m zurück. Beim katastrophalen Hochwasser 2021 konnten die Wassermassen nicht mehr gesteuert abgegeben werden und liefen über den Überlauf der Staumauer ab.

Schiffstour

Auch der 5 / Badestrand Eschauel lässt sich von Schwammenauel bequem mit dem Schiff erreichen, dein Rad kannst du mitnehmen.

Touren-Varianten

Mit dem Schiff oder am anderen Ufer zurück

Kurz nachdem wir die Staumauer überquert haben, biegen wir links ab Richtung KP 87 Rurberg. Etwas oberhalb liegt hier die Terrasse des 3 / Hotels Restaurant Seehof, an dem es sich lohnt, eine Pause einzulegen (Selbstbedienung Apr.–Okt. Di–So 12–18, Nov.–März Sa–So 12–18, à la carte Di–So 18–21 Uhr, Schwammenauel Seehof 10, 52396 Heimbach). Wenn du Lust hast, kannst du vom Anleger Schwammenauel (Ablegezeiten Sa–So stündl. 11–16, Mo–Fr 11, 13 u. 15 Uhr), dem Heimathafen des 37 m langen Flaggschiffs Stella Maris der Rursee-Schiffahrt, ein Stück weiterfahren. Du kannst von hier sowohl unseren Etappenort 6 / Woffelsbach als auch Start und Ziel der Tour in Rurberg anfahren und so die Tagestour um 13 oder 18 km verkürzen.

Uferweg retour

Wir folgen dem Weg weiter um den Rursee, dessen Streckenprofil sich auf dieser Seite deutlich flacher zeigt. Nur ab und zu gibt es auf dem meist nicht asphaltierten, aber guten Weg kurze knackige Steigungen, die aber durch schöne Abfahrten wieder belohnt

werden. Wir sind halt in der Eifel, ganz ohne Höhenmeter geht's hier nicht. Wir erreichen bergauf KP 87, hier können wir einen Abstecher 300 m hinunter zum 4 / Strandbad Beach Club Eifel (Mo–Di 12–20, Mi–Do 11–21, Fr, So 11–22, Sa 11–23 Uhr, Eschaueler Weg 99, 52385 Nideggen) machen und am 5 / Badestrand Eschauel schwimmen gehen (DLRG-überwacht in den Sommerferien von NRW und an Wochenenden). Auch hier gibt es wieder eine Anlegestelle, den Schiffsanleger Schmidt-Eschauel, von dem du mit dem Schiff weiterfahren kannst bis 6 / Woffelsbach oder Rurberg. Du willst weiterradeln und bekommst einfach nicht genug von dem tollen Rundweg? Das kann ich verstehen! Wir halten uns geradeaus Richtung KP 21 Woffelsbach. Nach einer weiteren Steigung erreichen wir KP 21 und halten uns an der Weggabelung links Richtung Woffelsbach. Wir folgen der Route bergab bis zur Bushaltestelle im Ort, hinter der wir links in den Promenadenweg für etwa 500 m entlang Woffelbachs hübschem Rurseeufer abbiegen. Linkerhand liegt die kostenfreie 6 / Badestelle der Woffelsbacher Bucht (DLRG-überwacht in den Sommerferien von NRW und an Wochenenden) und ich kann dir wärmstens empfehlen, hier ins kühle erstklassige Wasser des Rursees zu springen. Treppen führen zum Wasser, Badesteg und -insel laden zum Baden ein. Definitiv meine Lieblings-

GLASKLAR

Das Wasser des Rursees hat an allen Badestellen eine hervorragende Qualität und im Sommer eine angenehme Badetemperatur. Hier an der 6 / Badestelle der Woffelsbacher Bucht kannst du auch Kanus ausleihen und den See ausgiebig erkunden!

‹ links / Woffelsbacher Bucht mit Badeplattform ˄ oben / Kaffee mit Ausblick auf der Terrasse des Hotels Seehof

badestelle am Rursee! Am Ende des Promenadenwegs, der in eine Einbahnstraße mündet, radeln wir bergauf in die Uferstraße, um rechts der Seestraße zu folgen, bis wir etwa 300 m weiter wieder rechts in die Oberhausener Straße zum 7 / Café am Ferienhof abbiegen (Di–Fr 8.30–18, Sa 8.30–19, So 8.30–18 Uhr). Eine Einkehr ist Pflicht, denn hier gibt's den schönsten Innenhof, den besten Kaiserschmarrn und die leckersten Flammkuchen! Vom Café fahren wir zurück auf die Wendelinusstraße, auf der wir bei der Bushaltestelle abgebogen waren. Wir folgen ihr bis zur Hauptstraße bergauf und orientieren uns an der rot-weißen Radmarkierung Richtung KP 22 Rurberg. Wir begleiten die Straße Wingertsberg auf dem Fahrradweg, erreichen KP 22 und biegen links bergab Richtung KP 64 Rurberg ab. In Rurberg biegen wir hinter dem Campingplatz links ab und bleiben Richtung KP 64 Heimbach unterwegs. Bald erreichen wir Rurbergs Uferpromenade, passieren die Anlegestelle Rurberg und nutzen etwas weiter die Seeterrasse am 8 / Café Henn (Mo, Fr 8–11, Di–Do, Sa–So 8–15.30 Uhr, Seeufer 1, 52152 Rurberg) oder das 9 / Ufercafé (Mo–Fr 9–19, Sa–So 8–19.30 Uhr, Seeufer 8, 52152 Rurberg) für eine abschließende Einkehr. Übrigens, in Rurberg und Woffelsbach findet alljährlich

UMSIEDLUNG

Alte Häuser suchst du in den tiefen Lagen Rurbergs vergeblich. Für die Flutung des Talsperrenprojekts mussten ab 1934 Teile der Bevölkerung umgesiedelt werden.

KM 23

Das 7 / Café am Ferienhof ist für mich Erholung pur und überrascht dich, sobald du ums Eck den Fachwerk-Innenhof betrittst. Egal ob Cappuccino, Kuchen oder Deftiges, ich wäre am liebsten immer geblieben. Geht auch, denn der Hof vermietet gemütliche Ferienhäuschen.

im Juli auch das Volksfest „Rursee in Flammen" statt, das Feuerwerk kannst du dir sogar vom Schiff aus ansehen. Zum Abschluss fährst du noch einmal links über den Eiserbachdamm und biegst rechts ab zum 10 / Naturfreibad am Rurseezentrum. Hier wurde ein Sandstrand mit Flachwasserzone für Kinder angelegt (DLRG-überwacht in den Sommerferien von NRW und an Wochenenden Mai–Aug.). Das Naturfreibad ist ganzjährig kostenfrei zugänglich. Am Badestrand vorbei erreichst du über einen kleinen Weg wieder unseren Startpunkt am 1 / Parkplatz Rurberg.

In die Verlängerung

Noch nicht genug Rursee? Du kannst den Obersee, die Urfttalsperre und die ehemalige NS-Ordensburg Vogelsang erkunden, indem du auf der nördlichen Seeseite bis zur Victor-Neels Brücke 22 km hin- und zurückradelst.

< links / Blick auf die Talsperre von Rurberg aus ^ oben / Romantisch spiegelt sich die untergehende Sonne im Rursee

Tour 16

START / ZIEL

Parkplatz Rurberg, gebührenpflichtig, Tagesgebühr 6 €

HINKOMMEN

Auto / Parkplatz Simmerath am Rursee, Seeufer, 52152 Simmerath-Rurberg

ÖPNV / Ab Bhf Heimbach 3 km hinauf zur Staumauer über Hasenfelder Straße, Schwammenaueler Straße und L 15, Einstieg in Tour bei Staumauer am anderen Ende des Sees

➤ **1 /** Parkplatz Rurberg ➤ **2 /** Staumauer Schwammenauel ➤ **3 /** Hotel Restaurant Seehof ➤ **4 /** Strandbad Beach Club Eifel ➤ **5 /** Badestrand Eschauel ➤ **6 /** Badestelle der Woffelsbacher Bucht ➤ **7 /** Café am Ferienhof ➤ **8 /** Café Henn ➤ **9 /** Ufercafé ➤ **10 /** Naturfreibad am Rurseezentrum

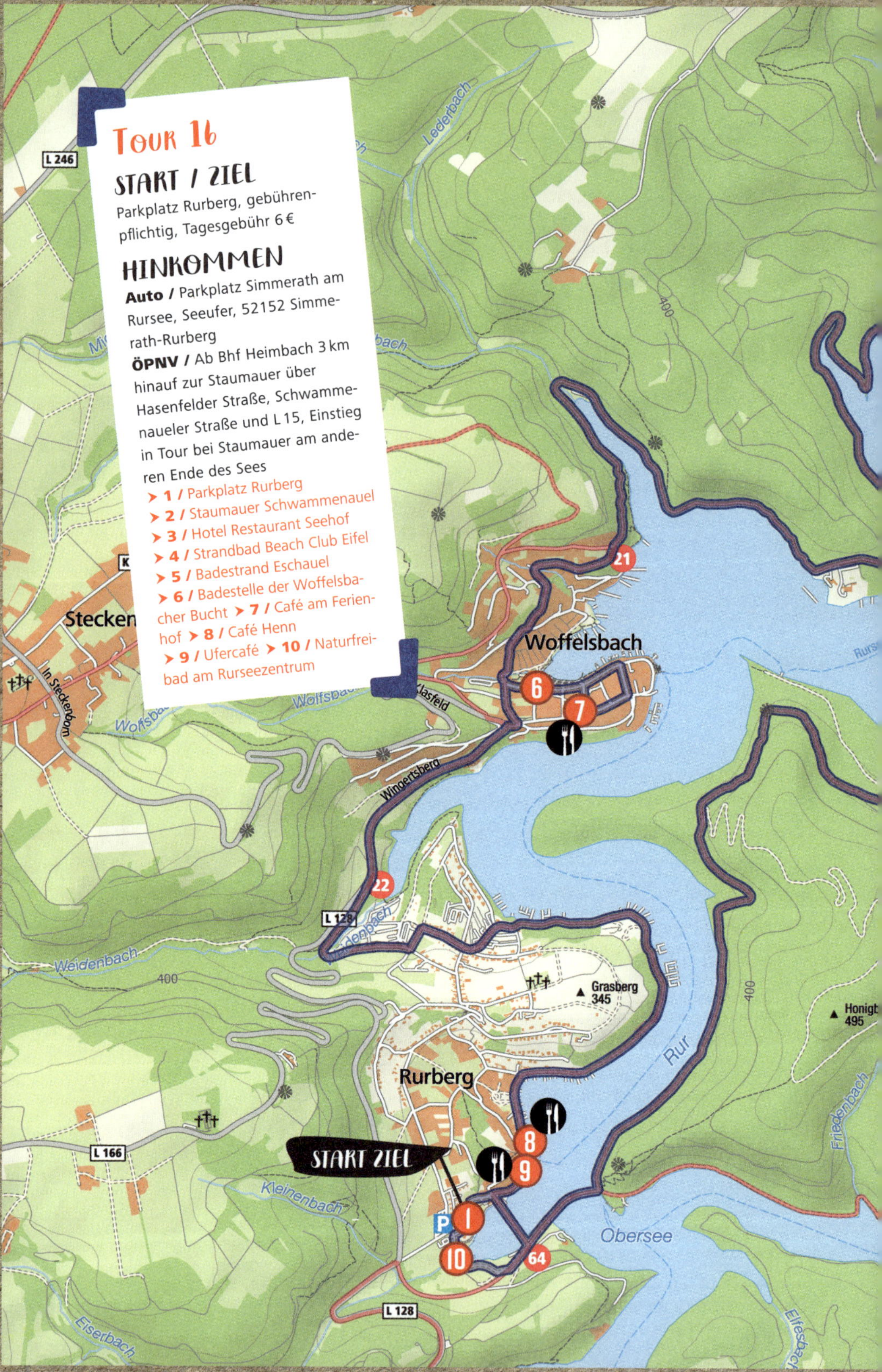

Scheidbaum
Odenbach
Heimbacher Straße
400
L 218
Rursee
Burgwüstung
Hasenfeld
Schwammenaueler Straße
500 m
NSG Staubecken Heimbach
Rur
Staubecken Heimbach
Eschbach
Hohenbach
Kermeterstraße
Hohes Venn-Eifel
Steinbach
Wildbretshügel 525
Haftenbach
L 15 Kermeterstraße
Urft
Urftsee
Fuchssief
Hohenbach
Hellberg 526
0,5 km
4
5
3
2
87
36

Schöner Weintrip

Ich empfehle diese Radtour erwachsenen Teilnehmerinnen und Teilnehmern.

➤ **1 /** Bonn ist immer noch zweiter Regierungssitz der Bundesrepublik

➤ **2 /** Rolandseck hat ein Kunstmuseum und einen Wald- und Wildpark zu bieten

➤ **3 /** Das Spielcasino Bad Neuenahr hat ein neues Zuhause gefunden

➤ **4 /** Im Kurort Bad Neuenahr-Ahrweiler treffen historische Mauern der Römer auf kaiserzeitliche Bauten

➤ **5 /** Spannend, wenn auch nur mehr eine Erinnerung: römische Aquäduktbrücke über die Swist bei Meckenheim

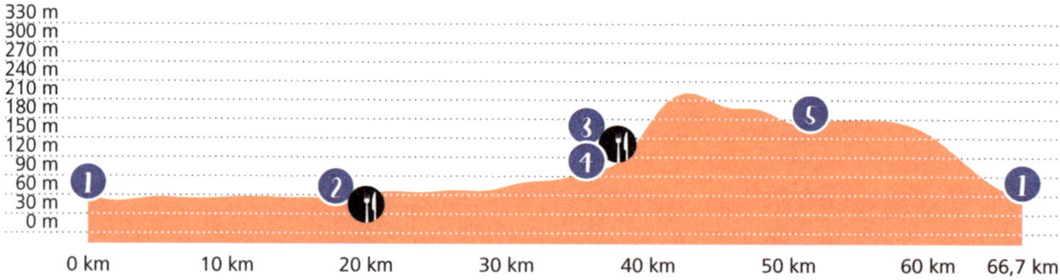

Flüsse und Weinberge

Vom Rhein ins Ahrtal

Ahrtal und Rheinromantik erwarten uns auf dieser Tour. Es geht vom Bonner Hauptbahnhof über Bad Neuenahr-Ahrweiler und Meckenheim zurück nach Bonn. Nach der Flutkatastrophe 2021 haben wir es immer noch mit teils zerstörten Häusern und brach liegenden Straßen, die uns aber nicht betreffen, zu tun. Viele Gebiete wurden wieder aufgebaut oder sind noch im Aufbau befindlich. Eine Besichtigung der Weinberge ist sehr zu empfehlen und die Winzer freuen sich über Gäste, die eine Weinprobe oder Weinwanderung buchen.

67 Kilometer
420 Höhenmeter ▲
420 Höhenmeter ▼
4:30 Stunden
Rundtour

Charakter

Sportlich ●●●●●
Abkühlung ●●●●○
Schlemmen ●●●●○
Panorama ●●●●●

Start in Bonn

Die Bundesstadt Bonn ist immer noch zweiter Regierungssitz der Bundesrepublik Deutschland. Nach dem Fall der Mauer und dem Regierungswechsel nach Berlin drohte Bonn in sich zusammenzubrechen. Viele Mitarbeiterinnen und Mitarbeiter standen vor der Entscheidung, entweder mit nach Berlin zu gehen oder den Verlust ihres Arbeitsplatzes innerhalb der

TOURENINFO / Unter anderem am Rhein und der Ahr entlang. Auf Radwegen, davon zu Beginn 23 km am Rheinradweg, und auf verkehrsberuhigten Straßen.

◂ links / Bonn am Rhein

Regierung in Kauf zu nehmen. Es ist jedoch in Teilen gelungen, Bonn politisch wie geschäftlich wieder auf Vordermann zu bringen. Wir halten uns am südöstlichen Ende des 1 / Bonner Hauptbahnhofs nach links, fahren zum Rhein und folgen ihm auf dem Rheinradweg nach Süden. Gleich zu Beginn liegt rechts von uns der Stadtgarten, wir passieren das Museum Ernst-Moritz-Arndt-Haus und kurz darauf die Villa Hammerschmidt, den Amtssitz des Bundespräsidenten. Bei der nächsten Rheinbrücke breitet sich der Freizeitpark Rheinaue rechts von uns aus.

Rheinromantik

Immer weiter Richtung Süden erreichen wir den Bonner Stadtbezirk Bad Godesberg. Von hier sind es noch 14 Kilometer den Fluss entlang. Wunderschöne Panoramen in das Rheintal begleiten uns. Schloss Drachenburg ragt auf der anderen Flusseite am Berghang auf. Bei Rolandswerth radeln wir unterhalb eines der Wahrzeichen der Rheinromantik vorbei: dem Rolandsbogen, der auf einer Anhöhe oberhalb von uns liegt. Der Fensterbogen ist der verbliebene Rest der seinerzeitigen Burg Rolandseck, die 1122 als Schutzburg für das Frauenkloster auf Nonnenwerth begründet wurde. Zwischen Remagen-Rolandswerth und Remagen-Kripp säumen 15 Arbeiten renommierter Künstlerinnen und Künstler das Ufer. Dieses Skulpturenufer hat das Arp Museum Bahnhof Rolandseck realisiert, das etwas erhöht am Hang in 2 / Rolandseck liegt. Neben dem Kunstmuseum, das Werke von Hans Arp, Sophie Taeuber-Arp sowie zeitgenössischen Künstlerinnen und Künstlern zeigt, ist Rolandseck für seinen Wald- und Wildpark bekannt. Hinter Oberwinter, einem weiteren Ortsteil von Remagen, kommen wir nach Remagen selbst, wo wir den Rheinradweg verlassen.

ZWEI SCHWESTERINSELN

Grafenwerth und Nonnenwerth liegen sich auf der Höhe von 2 / Rolandseck gegenüber. Wer genügend Zeit hat, kann hier mit der Fähre übersetzen und die Freizeitinseln besuchen.

➤ rechts oben / Das Rheintal bei Oberwinter eröffnet uns fantastische Blicke ➤ rechts Mitte / Das alte Gebäude der Spielbank, bevor es vom Hochwasser zerstört wurde

320 KM/H

Vom 1 / Hauptbahnhof Bonn startet der ICE-Sprinter nach Berlin. Das ist besonders für viele ehemalige Bonner, die seit dem Regierungswechsel in Berlin arbeiten, sehr bequem, damit sie ihre zweite Heimat besuchen können.

1948

Das 3 / Spielcasino Bad Neuenahr hat eine lange Tradition und musste wegen der Flut an einen anderen Ort wechseln.

Nach Bad Neuenahr-Ahrweiler

Im Zickzack durchqueren wir die Stadt und halten uns über die Bahngleise am Gewerbepark vorbei und über die B9 rechts nach Bad Bodendorf. Wir queren die Ahr und folgen ihr nach Westen, sie kurze Stücke zuerst links, dann rechts begleitend, bis Bad Neuenahr. Die Stadt liegt wunderschön eingebettet zwischen Weinbergen im Ahrtal. Beim Bahnhof erreichen wir das neue 3 / Spielcasino. Es wurde nach dem Zweiten Weltkrieg 1948 als erste deutsche Spielbank eröffnet, noch bevor der Kurbetrieb wieder aufgenommen werden konnte. Am 15. Dezember 1948 warf man anlässlich der Eröffnung des Betriebs die erste goldene Kugel mit der Zahl 10 in das Roulette. Noch heute ist sie die Glückszahl des Casinos. Nach der Flut 2021 war von dem ursprünglichen Gebäude nicht mehr viel übrig und es wurde 2022 vertraglich festgelegt, die Spielbank für die nächsten drei Jahre in den Bahnhof zu verlegen. Wir haben hier

ERSTE DEUTSCHE SPIELBANK

genau Halbzeit auf unserer Strecke – es bietet sich eine Einkehr an. Geradeaus weiter auf der Hauptstraße kommen wir am Neuenahrer Brauhaus vorbei, das einen überdachten Biergarten hat und gute regionale deutsche Küche in modernen freundlichen Räumen serviert. Alternativ liegt La Condordia, ein moderner Italiener auch mit Außenplätzen, nicht weit entfernt in Flussnähe, der für die Qualität seines Essens ein gutes Preis-Leistungs-Verhältnis hat.

Eine kurze Geschichte der Stadt

Funde aus der Zeit von 1000 bis 500 v. d. Z. zeigen, dass Kelten in der Region ansässig waren und Ackerbau und Viehzucht betrieben. Auch aus der Römerzeit gibt es zahlreiche Funde, unter anderem die Villa Rustica am Silberberg, heute im Museum Römervilla zu besichtigen. Das Herrenhaus samt großem Badetrakt ist sehr gut erhalten, wodurch Besucher und Besucherinnen einen sehr plastischen Einblick der gehobenen römischen Wohnlebensweise erhalten können. Es liegt ca. 3,5 km von unserer Route entfernt.

KM 36

Hier in dem immer noch sehr schönen 4 / Bad Neuenahr-Ahrweiler können wir in den Tälern neue und wiederaufgebaute Häuser sehen sowie in den Weinbergen Wanderungen unternehmen und Weinproben genießen.

< links / Weinberge im Ahrtal ^ oben / Bad Neuenahr-Ahrweiler wird nach der Flut renoviert, damit es wieder in seinem alten Glanz erstrahlen kann

Die heutige Stadt 4 / Bad Neuenahr-Ahrweiler entstand in Form einer Neubildung 1969 aus den beiden Städten Ahrweiler und Bad Neuenahr. Ahrweiler besitzt prächtige aufwändig restaurierte Fachwerkhäuser und eine gut erhaltene mittelalterliche Stadtmauer, die teils durch die Flut 2021 zerstört und derzeit wieder neu aufgebaut werden

Die Eifelwasserleitung

In Bad Neuenahr setzen wir unseren Weg fort nach links auf die Heerstraße und fahren am Kreisverkehr geradeaus auf die Hemmessenerstraße Richtung Lantershofen. Dann radeln wir nach Ringen und Eckendorf, wo wir das schmale Bachbett der Swift queren, und erreichen ca. 5,8 km weiter 5 / Meckenheim, eine Stadt mit äußerst interessanter Geschichte. Im Gebiet in und um Meckenheim wurden Besiedlungsspuren aus der Zeit um 4000 v. Chr. gefunden. Zur Zeit des Römischen Reichs entstand die Eifelwasserleitung, die Trinkwasser aus der Gegend um Nettersheim in die Colonia Claudia Ara Agrippinensium (das heutige Köln) führte und in der Meckenheimer Feldflur auf einer gemauerten Gewölbe- oder Aquäduktbrücke das Tal

BURG-SCHULE

Die Burg Endenich im Ortsteil Endenich wurde im Mittelalter erbaut. Das Burggelände wird heute u. a. für öffentliche Sportanlagen und von schulischen Einrichtungen genutzt. Man kann jedoch die Vorburg als letzten Überrest besichtigen.

4000 JAHRE

In 5 / Meckenheim fand man Belege für die ersten Ansiedlungen aus dem Jahre 4000 v. d. Z. Die Römer haben hier auch etliche Spuren hinterlassen.

der Swist überquerte. Die Aquäduktbrücke über die Swist war einst ca. 1.400 m lang und bis zu 10 m hoch. Da sie ab dem 12. Jahrhundert als Steinbruch für Kirchen, Klöster und Burgen genutzt wurde, ist von der Brücke heute nichts mehr zu sehen. Nahe der Verbindungsstraße Meckenheim–Lüftelberg steht heute die Rekonstruktion eines Aquäduktpfeilers. 1787 zerstörte ein folgenschwerer Brand die gesamte Stadt. Nach den üblichen Machtverschiebungen zwischen Fürstentümern und Bistümern wurde Meckenheim wie die anderen Städte des Rheinlands Französisch. Im Zweiten Weltkrieg wurde die Stadt zu 70 % zerstört. Durch die Nähe zur Bundeshauptstadt Bonn stieg die Bevölkerungszahl vor allem in den 1970er- und 1980er-Jahren stark an. Nun ist es an der Zeit, sich wieder auf die Rückfahrt zum Bonner Hauptbahnhof zu machen und die letzten 15 km in Angriff zu nehmen. Wir nehmen die Bonner Straße Richtung Meckenheimer Allee und fahren durch den Kottenforst über Röttgen und durch den Ortsteil Endenich zurück zum Ausgangspunkt.

< links / Nachbau eines Aquäduktpfeilers der römischen Wasserleitung in Meckenheim-Lüftelberg ^ oben / Meckenheim wartet nicht nur mit Fachwerk, sondern auch mit klassizistischen Fassaden auf

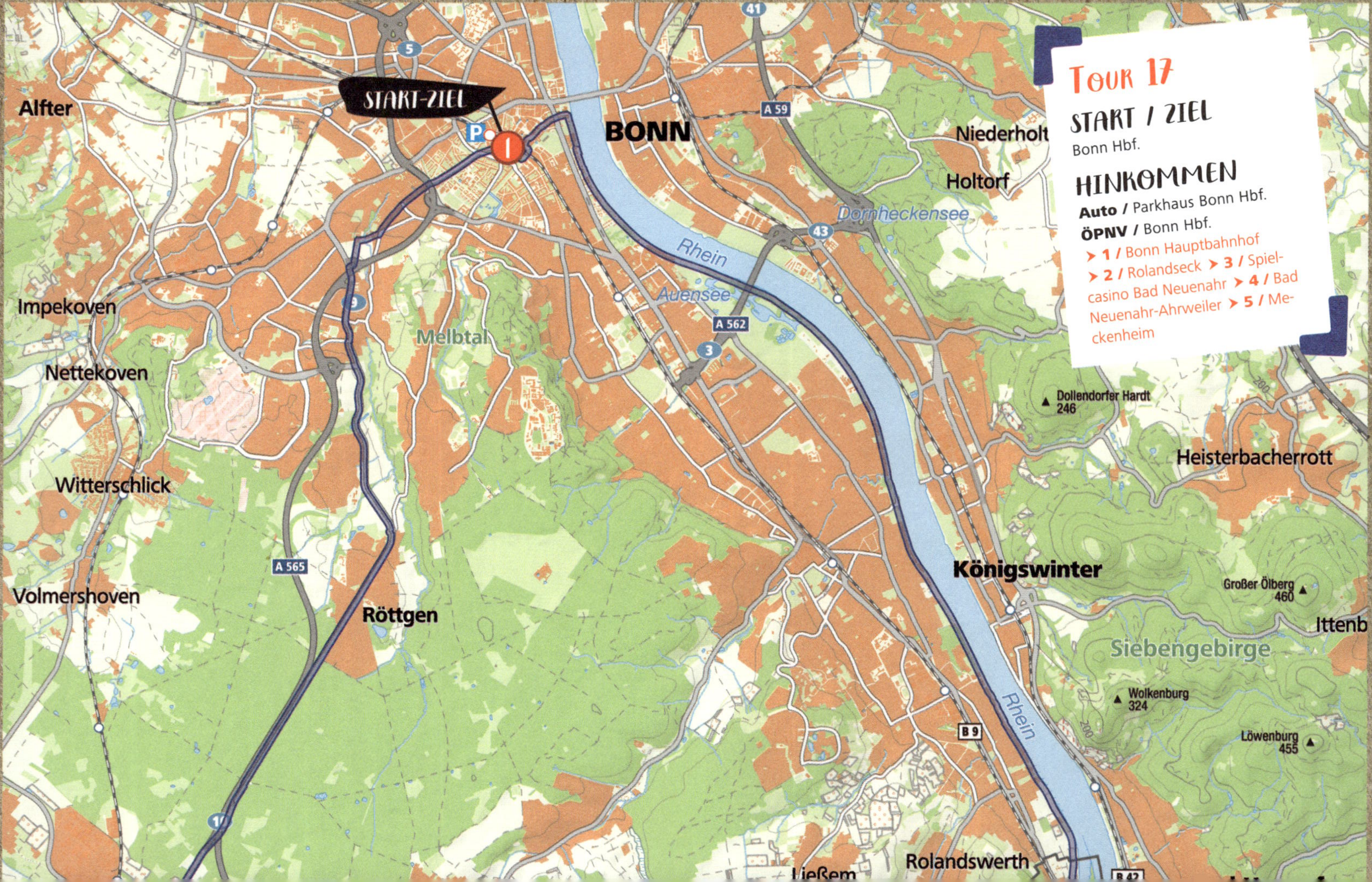
Tour 17
START / ZIEL
Bonn Hbf.
HINKOMMEN
Auto / Parkhaus Bonn Hbf.
ÖPNV / Bonn Hbf.
➤ 1 / Bonn Hauptbahnhof ➤ 2 / Rolandseck ➤ 3 / Spielcasino Bad Neuenahr ➤ 4 / Bad Neuenahr-Ahrweiler ➤ 5 / Meckenheim
START-ZIEL
Alfter
BONN
Niederholt
Holtorf
Dornheckensee
Rhein
Auensee
Melbtal
Impekoven
Nettekoven
Witterschlick
Volmershoven
Röttgen
Königswinter
Heisterbacherrott
Dollendorfer Hardt 246
Großer Ölberg 460
Siebengebirge
Wolkenburg 324
Löwenburg 455
Ittenb
Rolandswerth
Ließem
A 59
A 562
A 565
B 9
B 42

Meckenheim
Kürrighoven
Wachtberg 258
Berkum
Nordrhein-Westfalen
Rheinland-Pfalz
Koppel 136
Himbrich 235
Adendorf
Arzdorf
Oedingen
Birgeler Kopf 176
Bruchhausen
Unkel
Dungkopf 238
B 42
Erpel
Gelsdorf
Leimersdorf
Rhein
Erpeler Ley 191
Scheidskopf 279
Remagen
Ringen
A 565
A 573
Holzweiler
Kripp
Bad Bodendorf
Reisberg 192
Forstberg 201
A 61
Landskrone 272
Ahr
Kuxberg 315
B 267
Bad Neuenahr-Ahrweiler
Heimersheim
Sinzig
B 9
Mühlenberg 233
A 571
Dernau
Walporzheim
Neuenahrer Berg 339
Mönchberg 345
2 km

HALLELUJA!

Was für eine coole Idee, die Kirche in Fröndenberg zur Fahrradkirche umzufunktionieren und sie so vor der Schließung zu bewahren! Ich mag die offene Atmosphäre dort.

➤ **1 /** Wir starten am Rathaus Fröndenberg auf unsere Rundtour

➤ **2 /** Die Ruhr fließt sanft in einem breiten Bett dahin – das Ruhrufer lädt zu einer Rast ein

➤ **3 /** Für ein Fischbrötchen zum Fischhof. Spielplatz und Teiche laden zur Rast

➤ **4 /** Im Naturschutzgebiet Kiebitzwiese sind seltene Vogelarten wie Eisvogel, Bergpieper und Grünschenkel beheimatet

➤ **5 /** In der Fahrradkirche können Besucher selber das Beleuchtungskonzept und die Musik über eine Stele wählen

➤ **6 /** Das Eulendenkmal wurde durch Radsportler Gustav Kilian im Jahre 1989 eingeweiht und genießt unter Radrennfahrern Kultstatus

➤ **7 /** Im ehemaligen Magazingebäude der Papierfabrik Himmelmann ist heute das Kettenschmiedemuseum untergebracht

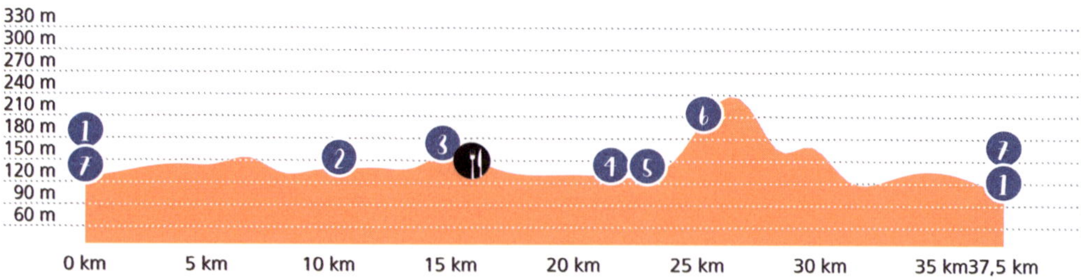

IN ZABELS REIFEN-SPUREN

Eine hügelige Landpartie mit Frischluftgarantie rund um Fröndenberg

Das Leben ist ein stetiges Auf und Ab – diese Tour ist es auch! Wunderbare Fernblicke bis ins Sauerland, kleine geschwungene Straßen, auf denen man bergab saust, eine Fahrradkirche und mit dem Fahrradenkmal „Eule" eine denkwürdige, radrennsporttaugliche Steigung, entlang von Flüssen und über zahlreiche Brücken – diese Tour, die uns in zwei großen Bögen um Fröndenberg und bis nach Wickede führt, hat es in sich. Ideal, um sein Fahrrad einmal richtig auszufahren und sich auf die kommende Radsportsaison vorzubereiten. Es geht autofrei durch Wald und über Brückchen. Bergtraining inklusive! Diese Tour bietet alles, was das Radfahrerherz sich wünscht.

38 Kilometer
200 Höhenmeter ▲
200 Höhenmeter ▼
2:30 Stunden
Rundtour

CHARAKTER
Sportlich ●●●○○
Abkühlung ●○○○○
Schlemmen ●●○○○
Panorama ●●●●●

Frischer Fisch voraus

Wir starten am 1 / Rathaus Fröndenberg (Ruhrstr. 9), Knotenpunkt 40. Mit der Touristinformation in unserem Rücken halten wir uns rechts und folgen der

---

TOURENINFO / Eine fantastische Tour voller Abwechslung, auf und ab durch Wald und Wiesen. Vorbei am Naturschutzgebiet und mit herrlichen Weitblicken bis zum Sauerland. Für Familien nicht oder nur bedingt geeignet, da sie streckenweise über befahrene Landstraßen ohne Radweg führt.

◂ **links / Die Ruhr zeigt sich von ihrer beschaulichen Seite**

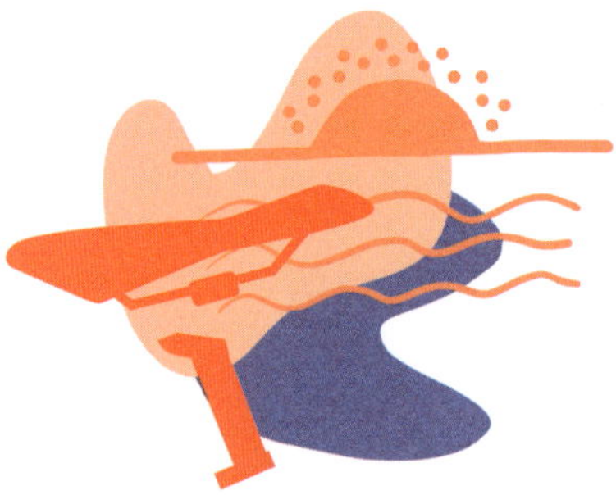

Radwegbeschilderung Richtung Wickede. Am Rathaus ist auch eine kleine „Hilf Dir selbst" Fahrrad-Werkzeugstation. Hier sind viele Radrennfahrer unterwegs und bei jedem fragt man sich natürlich, ob es sich vielleicht um Erik Zabel handelt, der an einem vorbeidüst. An der Vorfahrtsstraße links und am Restaurant Ruhrbrücke über den Fluss radeln. Dann biegen wir links in die Schwitter Dorfstraße. Am Hühnerhof erneut links auf eine landwirtschaftliche Nutzstraße. Durch Äcker und Wiesen radelt es sich entspannt auf der fast autofreien, schmalen Landstraße. Am T-Stück rechts fahren und dann links. Hügeliges Gelände und schöne Ausblicke bieten sich den vielen Radlern, die hier unterwegs sind. Man kann dann zum Hofladen Bauer Korthe abbiegen. Vorbei an Bauernhöfen, Gänsewiesen und Bienenstöcken am Waldrand geht es durch welliges Terrain. Am T-Stück rechts in Brakel abbiegen, an der Ecke steht eine geschnitzte Holzskulptur, die grimmig dreinschaut. Das nächste Etappenziel ist Wickede. Es geht um das Gelände eines Pferdehofes herum. Kurvenreich geht es auf und ab durch die sehr abwechslungsreiche Landschaft. Wir biegen links über die Brücke mit dem blauen Geländer und fahren nach Wickede hinein und am Knotenpunk 82 fahren wir Richtung Bahnhof Wickede. Nach dem Mahnmal der Hauptstraße folgen und dann rechts abbiegen Richtung Kraftwerk Wickede. Direkt am Fluss entlang geht es auf einem schön befahrbaren Naturweg durch ein Naturschutzgebiet und vorbei an einem Wildbienenhotel. Die Ruhr fließt hier sehr gemächlich und breit daher, es haben sich kleine Inselchen gebildet, zu denen man waten kann und es gibt am 2 / Ruhrufer schöne Picknickplätze.

UNION ZWEIRADTEILE

... war einst der größte Arbeitgeber hier. Im Ketten- und Speichenbereich war sie Weltmarktführer. Spannend: Das Rennradmuseum (www.rennradmuseum.com).

➤ rechts oben / Los geht es am Rathaus Fröndenberg – Radskulptur inklusive ➤ rechts Mitte / Malerischer Marktplatz von Fröndenberg mit Fachwerkhäusern

200

Siege hat der hier ansässige Radrennfahrer Erik Zabel in seiner Karriere eingefahren. Das grüne Trikot holte er zwischen 1994 und 2008 sechsmal. Der Ausnahmesportler wohnt in Unna-Kessebüren und gestand im Jahre 2013, mit Eigenblut, Kortison und EPO gedopt zu haben. Inzwischen fährt sein Sohn Rick Zabel ebenfalls Rennen.

Fernglas eingepackt!

Nach der Wiedervernässung der Äcker nisten im **4 / Naturschutzgebiet Kiebitzwiese** Neuntöter und Schwarzkehlchen. Zugvögel wie Bekassine nutzen es zur Rast.

Vorbei am Bahnhof Wickede

Jetzt kommt ein interessanter Gegensatz in den Blick, rechts liegen die grünen Ruhrauen und links die Werksgebäude von Westfalenstahl. Unter der Brücke hindurch und in einem U-Turn auf die Brücke hinauf und rechts, an der Straße links halten. Links in die Bahnhofsstraße und vorbei am Bahnhof Wickede radeln. Leicht bergan und an der Kreuzung links in „Am Lehnacker". Als nächstes geht es rechts in die Fröndenberger Straße. Am Sportplatz links und gleich wieder rechts, auf dem Naturweg weiterradeln. An der Straße links halten, hier liegt auch der 3 / Fischhof. Dieser ist ein beliebtes Ausflugsziel wegen der Teiche, des tollen Spielplatzes und wegen der leckeren Fischbrötchen. Es gilt auf der schmalen Straße stetig leicht bergauf zu fahren. Beschreibt die Straße eine Rechtskurve, fahren wir hier geradeaus weiter in den schönen Radweg.

Auf ein Fischbrötchen

Zu Besuch bei Kiebitz & Co

Durch ein Waldstück geht es langgestreckt herrlich bergab, dann gelangen wir an einen beschrankten Bahnübergang. An Knotenpunkt 73 zwischen Feldern und Wald rechts abbiegen Richtung Fröndenberg. Nachdem wir durch Frohnhausen gefahren sind biegen wir von der Wickeder Straße links in die Hans-Böckler-Straße ab. Links bietet sich ein Abstecher in das 4 / Naturschutzgebiet Kiebitzwiese an. Dann liegt links die 5 / Fahrradkirche St. Josef.

Rauf zur Eule

Rechts in die Ostmarkstraße abbiegen. Der Radwegbeschilderung bergauf und bergab folgen, dann über die Overbergstraße weiter. An der Vorfahrtsstraße rechts-links fahren und auf der Eulenstraße weiter bergankletten. Auf dieser Bergetappe versteht man sehr schnell, warum diese sich so gut zum Radrenntraining eignet, denn es geht stetig bergauf. Dann ist oben das Fahrraddenkmal 6 / Die Eule erreicht und als netter Gag steht neben den Bänken ein Helm-

FRISCH!

Lautet das Motto der Familie Baumüller, die am 3 / Fischhof Räucherfisch und Fischbrötchen feilbietet. Neben fangfrischer Forelle erfreuen sich im Hofladen auch der Räucherfisch sowie die hausgemachten Salate, Fischfrikadellen und Bratheringe großer Beliebtheit.

< links / Natur pur findet man entlang der Strecke ^ oben / Das Fahrraddenkmal „Die Eule" ist ein beliebter Pausenstopp

ständer, der auch noch regengeschützt ist. Wir bleiben der Eulenstraße weiter treu und es geht jetzt nur noch ebenerdig und begab. Dann links in die Eulenstraße Richtung Gut Neuenhof abbiegen mit Restaurant und Golfhotel – wir radeln mitten durch den Golfplatz hindurch. Von hier aus bieten sich tolle Fernblicke bis ins Tal und bis zum Sauerland.

Nächster Halt Kettenschmiedemuseum

Nach einer schwungvollen Abfahrt über ein autofreies Sträßchen biegen wir an der Bundesstraße rechts ab Richtung Ardey. Genieße die folgende Abfahrt, denn bis Ardey geht es wieder ein kleines Stück bergan. Wie beim echten Radrennen liegen Freud und Leid dicht beieinander. Nach tollen Abfahrten kommt der nächste Anstieg bestimmt! Es geht geradeaus über die Ruhrbrücke und damit auch aus dem Ort Lengschede wieder hinaus. Am Kreisverkehr die zweite links fahren und mit dem Dahlhauser Landhaus zu unserer Rechten weiter. Dann, an der ersten Möglichkeit, rechts in die Provinzialstraße und wir sind wieder umgeben von ländlicher Idylle. Rechts liegt dann der hübsch gestaltete Rastplatz Halingen. Nachdem rechts der

EULE

Der Name des Berges klingt irgendwie niedlich. Seine Steigungen bis zu 13 % haben es aber in sich. Das Denkmal 6 / Die Eule ist den Radsportlern aller Nationen gewidmet.

OFFEN

... ist die 5 / Fahrradkirche St. Josef von 9–19 Uhr und lädt zum Auftanken ein. Fahrräder können mit Luft und Strom betankt oder repariert werden, Radler können an den Picknickplätzen oder bei den digitalen Andachten auf Knopfdruck Erholung finden. Oder ganz einfach ihre Trinkflaschen auffüllen.

Halinger Hof lag, biegen wir links ab. An der Stoppstraße links zurück Richtung Ausgangspunkt Fröndenberg radeln. Am Knotenpunkt 21 linksherum und leicht bergab fahren. Dann unter der Eisenbahnbrücke hindurch, vor der Autobrücke rechts hoch und diese Brücke links überqueren. Nach der Ruhrbrücke fahren wir rechts und in die Ruhrstraße. Dann bietet sich rechts die Möglichkeit für einen kleinen Abstecher zum sehenswerten 7 / Kettenschmiedemuseum (So 10–17 Uhr, freu-dich-auf-froendenberg.de). Hier im Himmelmannpark lohnt es sich auch den Ruhrbalkon, eine Aussichtsplattform, die über das Wasser ragt, aufzusuchen. Dann ist links mit dem Rathaus auch wieder der Ausgangspunkt unserer hügeligen und herrlichen Tour erreicht.

< links / Die Fahrradkirche heißt Radelnde willkommen ^ oben / Die Ketten schmieden, solange sie heiß sind – das Motto des Kettenschmiedemuseums

Tour 18

START / ZIEL

Rathaus Fröndenberg, Bahnhofstraße 2, 58730 Fröndenberg/Ruhr

HINKOMMEN

Auto / Über die A 44 und B 233/B 63 **ÖPNV /** RE 57 oder RE 52 bis Fröndenberg Bahnhof

➤ 1 / Rathaus Fröndenberg ➤ 2 / Ruhrufer ➤ 3 / Fischhof ➤ 4 / Naturschutzgebiet Kiebitzwiese ➤ 5 / Fahrradkirche ➤ 6 / Die Eule ➤ 7 / Kettenschmiedemuseum

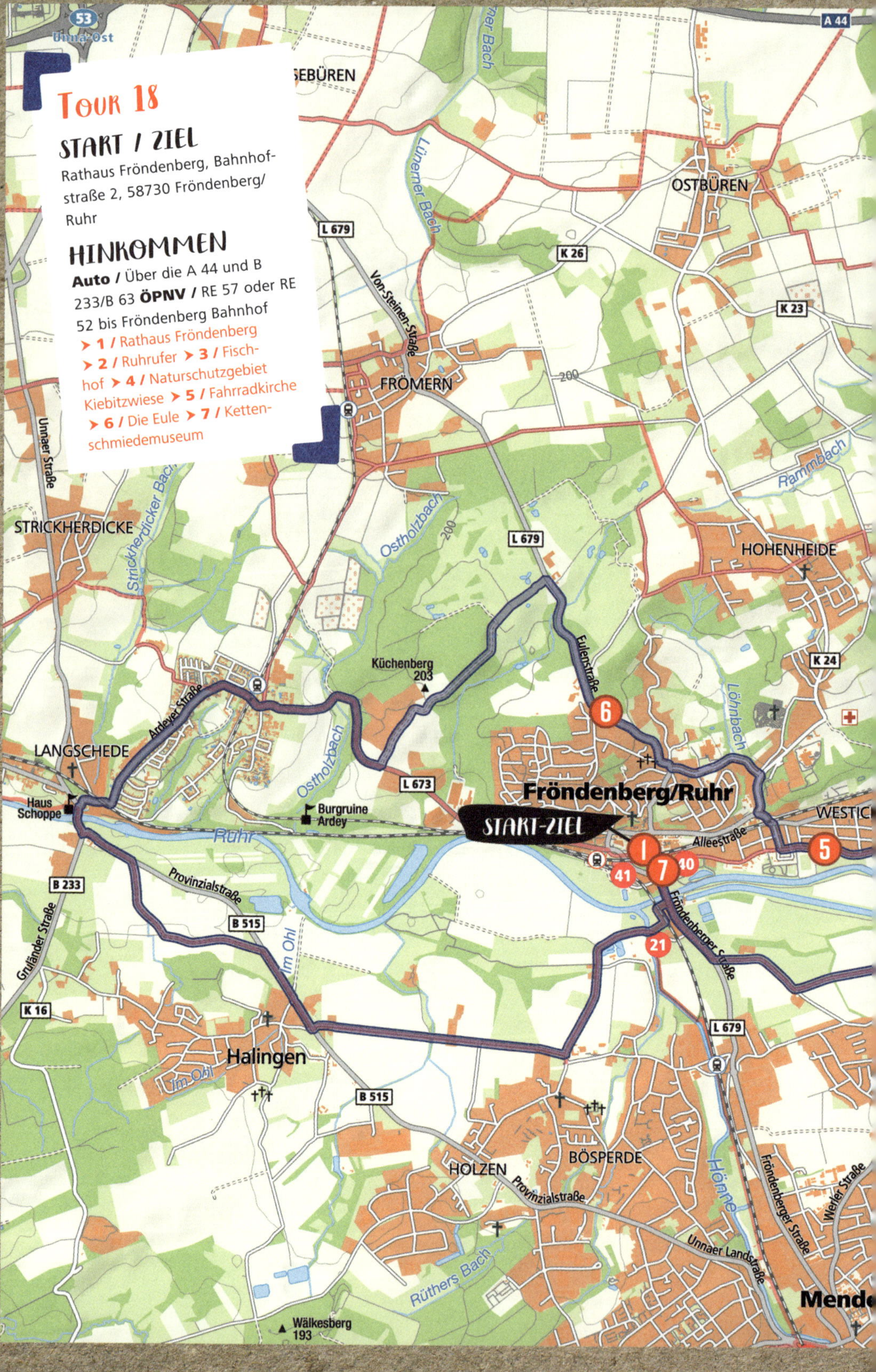

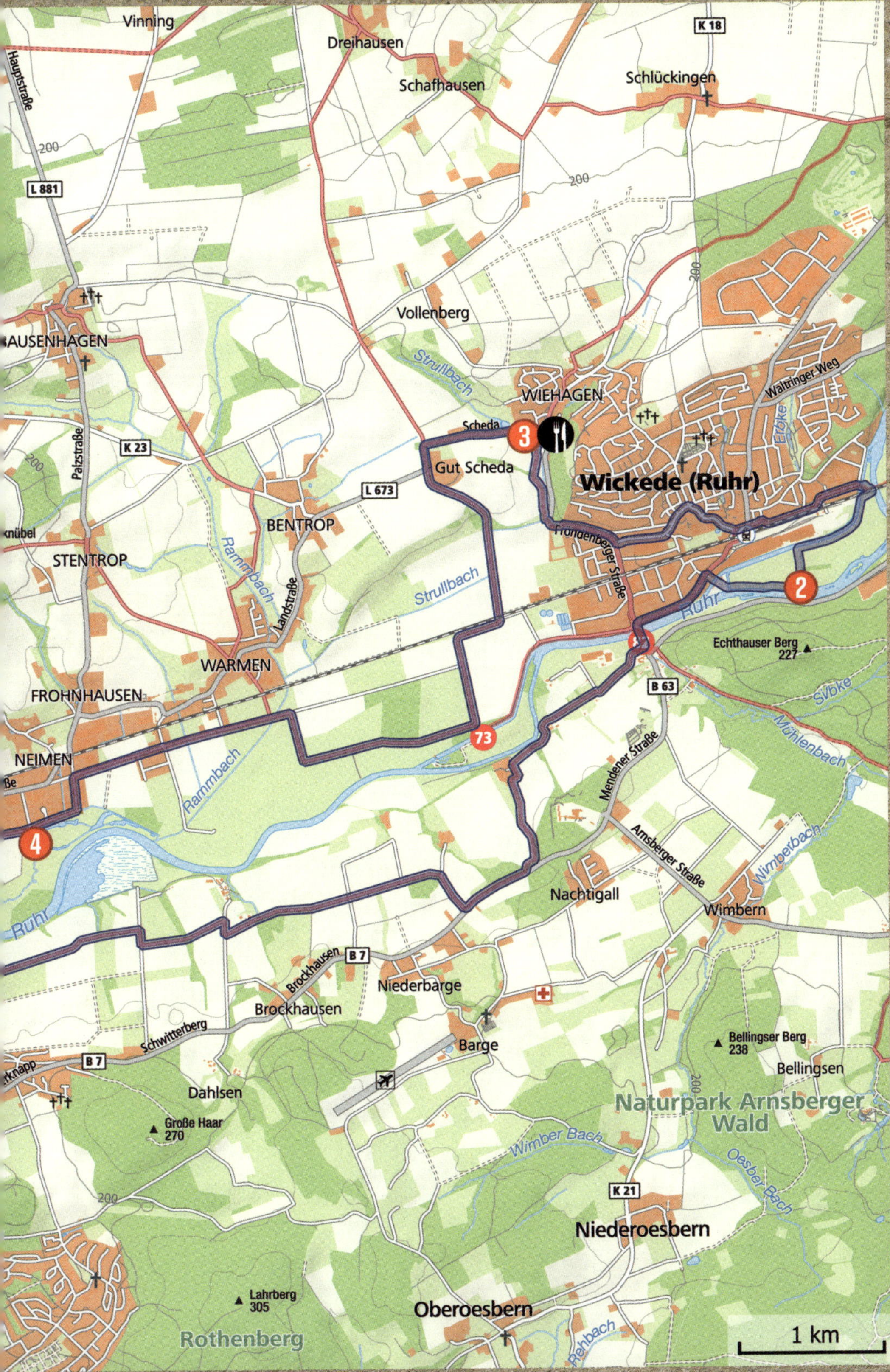
Vinning
Dreihausen
Schafhausen
K 18
Schlückingen
Hauptstraße
L 881
200
Vollenberg
AUSENHAGEN
Strullbach
WIEHAGEN
Waltringer Weg
Scheda
3
Gut Scheda
K 23
Palzstraße
L 673
Wickede (Ruhr)
Erlbke
BENTROP
STENTROP
Rammbach
Landstraße
Fröndenberger Straße
Strullbach
2
Ruhr
Echthauser Berg
227
WARMEN
B 63
FROHNHAUSEN
Mühlenbach
73
NEIMEN
Mendener Straße
Rammbach
4
Arnsberger Straße
Wimberbach
Nachtigall
Wimbern
Ruhr
Brockhausen
B 7
Niederbarge
Brockhausen
Schwitterberg
Barge
B 7
Bellingser Berg
238
Bellingsen
Dahlsen
Naturpark Arnsberger Wald
Große Haar
270
Wimber Bach
Oesber Bach
K 21
Niederoesbern
Lahrberg
305
Oberoesbern
Rothenberg
Rehbach
1 km

URLAUBSSTIMMUNG
Blauer Himmel über uns, unter uns surren die Räder – auf einem Radausflug Urlaub in Kurzform genießen, wie hier am Uferradweg am Rursee auf Tour 16.

WOCHENEND-BIKEAWAYS

MINI-URLAUBS-TOUREN MIT ÜBERNACHTUNG

Kanufahrt auf der Ems

Ich kombiniere diese Tour gerne mit einer Kanufahrt auf der Ems. Es ist reizvoll, sich auf dem windungsreichen Fluss durch die idyllische Auenlandschaft zu bewegen (z. B. Verkehrsverein Emsdetten, www.vvemsdetten.de).

- **1 /** Für unsere Rundtour satteln wir auf und ab am Bahnhof Greven
- **2 /** Die Seele baumeln lassen im malerischen Ortskern von Gimbte
- **3 /** Im Naturschutzgebiet Bockholter Berge mit seiner Wachholderheide
- **4 /** Am KÜ sehen wir, wie eine Wasserkreuzung funktioniert
- **5 /** Ladbergen: ein protestantisches Dorf in katholischem Umland
- **6 /** Inmitten exotischer Gehölze im Botanischen Garten Loismann
- **7 /** Moderne Kunst im Kunsthaus Kloster Gravenhorst
- **8 /** Wir übernachten in Uffeln
- **9 /** Wir erfahren Dichtung und Wahrheit am Heiligen Meer
- **10 /** Am Nassen Dreieck fällt es leicht, nicht auf dem Trockenen zu sitzen
- **11 /** In der Innenstadt Rheine können wir 1.200 Jahre Geschichte besichtigen (und entspannen)
- **12 /** In der Hofbrauerei Isendorf für den Rest der Tour stärken
- **13 /** Der Radweg in der Emsaue bietet uns eine Fülle schöner Natureinblicke
- **14 /** 1.200-Jahre-Zeitreise am frühmittelalterlichen Sachsenhof

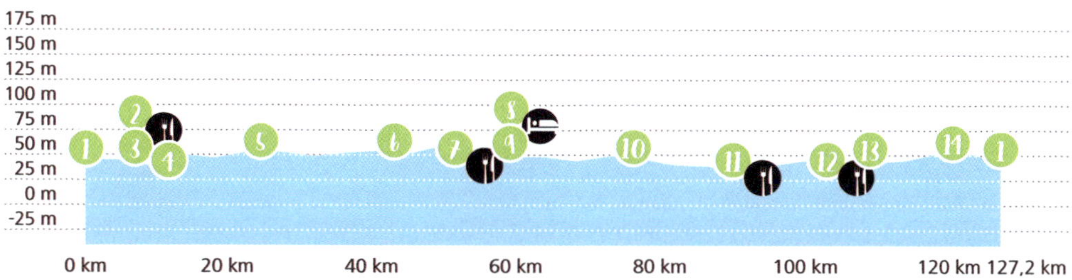

NAH AM WASSER

Die Ems, zwei Kanäle, Nasses Dreieck, Heiliges Meer – und noch mehr

Nein, nicht nur Bauernhöfe, Pferde und Schlösser gibt es im Münsterland. Auch Wasser, und zwar in den unterschiedlichsten Formen. Wasser ist unser Begleiter bei dieser Zweitagestour mit ordentlich langen Etappen, durch die wir das Nordmünsterland, und ein bisschen Teutoburger Wald, näher kennenlernen. Und wer Lust hat, baut diese Route zu einer Bike-'n'-Hike-Tour aus.

57 + 70 Kilometer
90 + 130 Höhenmeter ▲
90 + 130 Höhenmeter ▼
5:30 + 6:30 Stunden
Rundtour

CHARAKTER

Sportlich ●●●●○
Abkühlung ●●●●○
Schlemmen ●●●●○
Panorama ●●●●○

TAG 1: Auf dem Ems-Radweg nach Süden

Am 1 / Bahnhof Greven lockern wir die Beinmuskulatur und starten unser velozipedisches Zwei-Tage-Projekt. Wir fahren in östliche Richtung, überqueren die Ems und folgen auf dem Ems-Radweg der Radwegweisung nach Gimbte. Den Wandel von einem monostrukturierten Standort der Textilindustrie hin zu einer Stadt, in der heute Unternehmen der Logistikbranche ein wichtiger Bau-

TOURENINFO / In weiten Teilen bewegen wir uns auf flachem Terrain, insbesondere wenn wir entlang der Kanäle fahren. Im Bereich des Teutoburger Walds – vor allem beim Wanderausflug in den Dörenther Klippen – wird es dann aber auch ein wenig gebirgig. Die zum größten Teil autofreien Wege sind gut zu befahren, auch dann, wenn sie nicht asphaltiert sind.

< links / Blick auf Schmedehausen

stein des wirtschaftlichen Fundaments sind, hat die 38.000-Einwohner-Stadt Greven erfolgreich hinter sich gebracht. Insbesondere die Gewerbeflächen am Flughafen Münster-Osnabrück (FMO), der auf Grevener Gebiet liegt, sowie die unmittelbare Nähe zur Autobahn A 1 (Hansalinie) spielen hier eine wichtige Rolle. Längst vergangene Historie dagegen ist die Bedeutung der Ems als Handelsweg: Früher einmal war Greven der südliche Endpunkt einer regen Ems-Schifffahrt. Auf Pünten (das waren Transportsegelboote mit flachem Boden) wurde zum Beispiel so manche Ladung Baumberger Sandstein Richtung Norden verschifft. Heute segelt eine Pünte nur noch auf dem Grevener Stadtwappen. Im 2 / Ortskern von Gimbte können wir uns vom malerischen Ambiente verzaubern lassen; das geht natürlich am besten bei einem erfrischenden Getränk in einem der Biergärten im Schatten des Turms des alten St. Johannes Kirchleins (darin befindet sich ein romanischer Taufstein aus dem 13. Jahrhundert). Wir fahren weiter auf dem Ems-Radweg in Richtung Gelmer und überqueren am Rand des Naturschutzgebiets 3 / Bockholter Berge die Ems. Nach Queren des Inselwegs folgen wir nicht weiter dem nach rechts ausgeschilderten Ems-Radweg-Pättken, sondern fahren geradeaus bis ans Ufer des Dortmund-Ems-Kanals. Dort wenden wir uns nach links auf den Kanaluferweg und sind nach 500 m an der Stelle, wo der Kanal mittels Wasserbrücke über die Ems geführt wird.

CHRISTO

und Greven – gibt es da eine Verbindung? Ja, gibt es. Der silberglänzende Stoff, mit dem im Jahr 2020 der Arc de Triomphe in Paris nach den künstlerischen Plänen von Christo und Jeanne-Claude spektakulär verpackt worden ist, ist von der Grevener Textilfirma Setex entwickelt und hergestellt worden.

KÜ und ein protestantischer Sprengel

4 / KÜ ist das Kürzel für Kanalüberführung. Als man Ende des 19. Jahrhunderts die Wasserstraße zwischen dem Ruhrgebiet und der Nordsee baute, musste man manches Problem lösen, so auch dieses: Wie gestaltet man eine Wasserkreuzung, allerdings nicht auf gleicher Höhe, sondern in zwei Etagen? Die Lösung: Man baut einen

---

➤ rechts oben / Greven: Kanalüberführung Dortmund-Ems-Kanal
➤ rechts Mitte / Brücke über den Dortmund-Ems-Kanal bei Greven

1945

gastierte der weltberühmte Geiger Yehudi Menuhin in Greven. Die Umstände waren allerdings ganz besondere: Unmittelbar nach Ende des Zweiten Weltkrieges war in Greven ein großes Lager für „Displaced Persons". Und zur Hebung der Stimmung dort gab Menuhin ein Konzert im Kulturprogramm.

ARMSTRONGS

Urgroßvater mütterlicherseits stammt aus **5 / Ladbergen.** Der wanderte im 19. Jh. aus wirtschaftlicher Not in die USA aus. Hat also nicht viel gefehlt und Astronaut Neil hätte 1969 beim Betreten des Monds gesagt: „Dat ess en lütken Trett för en Mensken, aber en groaten Trett för de Mensheit."

wasserdichten Trog – ursprünglich aus Stein, heute aus Stahl –, und schon ist die Überführung perfekt. Die auf der östlichen Kanalseite befindlichen Reste der alten Fahrt sind übrigens eine der beliebtesten und kultigsten Freiluft-Badestellen der Region. Wir bleiben nun bis nach Schmedehausen auf dem Kanaluferweg. Nachdem wir die Ostbeverner Straße unterquert haben, fahren wir nach oben und über den Kanal, um sogleich wieder – jetzt am rechten Ufer – anzukommen. Unsere Fahrt geht weiter nach Norden. Nach 1 km verlassen wir den Kanal nach rechts auf den Krackenweg. Bald sehen wir wieder die rot-weißen Fahrradwegweiser. Ihnen folgen wir bis nach 5 / Ladbergen. Die 7.000-Einwohner-Kommune fällt im katholisch geprägten Münsterland ziemlich aus der Rolle: Ladbergen gehörte in früheren Zeiten zum protestantischen Tecklenburg und ist deshalb auch heute noch weit überwiegend protestantisch geprägt. Wir orientieren uns bei der Weiterfahrt Richtung Saerbeck, später in

Richtung Emsdetten und Ibbenbüren und kommen schließlich nach Dörenthe. Auf Ankerstraße und Hafenstraße durchqueren wir den Ort bis zum Kanal. Nach 1,5 km Fahrt auf dem Kanaluferweg biegen wir nach rechts ab auf den Loismannweg, dem wir ein kurzes Stück bis zum Botanischen Garten folgen.

325,3 KM

lang ist der Mittellandkanal, er ist damit die längste künstliche Wasserstraße Deutschlands. Er beginnt am Nassen Dreieck bei Bergeshövede und endet im Übergang in den Elbe-Havel-Kanal bei Hohenwarte in Sachsen-Anhalt.

Mammutbaum und klösterliche Stille mit moderner Kunst

Der 6 / Botanische Garten Loismann ist ein Exot im Münsterland. Als 1895 der hier beim Bau des Dortmund-Ems-Kanals anfallende Erdaushub auf seinem Acker angehäuft wurde, entschloss sich der floristisch interessierte Bauer Bernhard Loismann, aus der Not eine Tugend zu machen: Er pflanzte nach und nach exotische Gehölze an. So können wir heute zum Beispiel im Schatten eines nordamerikanischen Mammutbaums eine zauberhafte Rast einlegen. Wir fahren anschließend zurück zum Kanal und dort weiter nach Nordwesten. Wer nach dem bisherigen Bike-Teil nun den Hike-Teil (Tour 19½) in Angriff nehmen möchte, der biegt nach 1,5 km weiterer Fahrt auf dem Kanaluferweg nach rechts ab und kommt über Ostwinkel und Brumleystraße zum 15 / Parkplatz Dörenther Klippen. Ohne Abstecher zu den Dörenther Klippen bleiben wir am Kanal und kommen hinter Riesenbeck schließlich an das Ufer

---

< links / Botanischer Garten Loismann
^ oben / Marktplatz von Ladbergen

des hier beginnenden Mittellandkanals. Wir fahren Richtung LWL Heiliges Meer und sind nach gut 2 km beim 7 / Kunsthaus Kloster Gravenhorst. In der ehemaligen Zisterzienserinnen-Anlage aus dem 13. Jahrhundert ist seit 2004 das Denk-Mal-Atelier (DA) – Kunsthaus Kloster Gravenhorst beheimatet; es strahlt mit seinen hochkarätigen Ausstellungen weit über die Region hinaus. Wer Nachschub braucht, kann im Café Clara des Klosters einkehren. Wir fahren danach Richtung LWL Heiliges Meer und Uffeln. Nach Überqueren der Bahngleise folgen wir diesen nach links bis über den Mittellandkanal. Wir wenden uns nach rechts und bleiben für die nächsten 4 km auf dem Kanaluferweg. In 8 / Uffeln fahren wir nach links in den Ort und sind bald dort, wo wir unser müdes Haupt zur Nacht betten können (Hotel Mutter Bahr, Nordbahnstraße 39, 49479 Ibbenbüren-Uffeln, Tel. 05459 80360, www.mutter-bahr.de).

HÖRSTEL

als Stadt gibt es seit 1975, ca. 20.000 Einwohner leben hier. Zu Hörstel gehören die Stadtteile Riesenbeck, Dreierwalde und Bevergern. Das Stadtrecht hat Bevergern in die Gemeinschaft eingebracht: Schon seit 1366 gab es dort dieses alte Privileg.

⮝ oben / Naturschutzgebiet Heiliges Meer
➤ rechts / Riesenbeck, Nasses Dreieck

TAG 2: Gar nicht so Heiliges Meer

Gut erholt starten wir nach münsterländischem Frühstück in den zweiten Tag unserer Tour. Wir fahren 800 m auf der Nordbahnstraße in nordöstliche Richtung und schwenken dann links auf den Weg Im Hilgen-Feld, dem wir an der nach gut 100 m erreichten Wegekreuzung weiter nach rechts bis zur Bergstraße folgen. Wir fahren nach links und nach 900 m nach rechts. Durch den Erlenbruchwald kommen wir zum 9 / Heiligen Meer, dem größten natürlichen See in NRW. Den Namen holen wir erst einmal auf den Boden der Tatsachen zurück. Erstens ist das Meer kein Meer, sondern ein See und zweitens hat das „Heilige" nichts mit Heiligenschein zu tun, sondern wahrscheinlich mit dem niederdeutschen Wort „hel", was so viel wie „schlimm" bedeutet. Und das mag sich auf die Entstehung des Sees beziehen. Er ist durch eine plötzliche geologisch bedingte Erdsenkung entstanden. Im alten münsterländischen Volksglauben aber hatte man die heilige Kurve elegant gekriegt: Als Bestrafung für ihr abgrundtief sündiges Leben hat Gott der Herr die hier einstmals ansässigen Mönche mitsamt ihrem Kloster einfach im Boden versinken lassen …

Nasses Dreieck

Wir setzen unsere Fahrt nun in Richtung Süden fort und folgen dabei den Wege-

2

Zwei Teile hat der zu Ibbenbüren gehörende Flecken Uffeln – einen östlich vom Mittellandkanal, einen westlich davon. Immerhin: Eine Brücke schafft Verbindung.

RHEINE

liegt am nördlichen Rand des Münsterlands und ist mit seinen gut 76.000 Einwohnern die größte Stadt im Kreis Steinfurt und – nach Münster – die zweitgrößte im Münsterland.

hinweisen Ibbenbüren, dann Hörstel und schließlich wieder Ibbenbüren. Ab Hörstel fahren wir parallel zur Bahn bis zum Mittellandkanal, dort nach rechts auf den Uferweg und am Wasser des Kanals entlang bis zum 10 / Nassen Dreieck. Nasses Dreieck: ein hübsch-treffender Name für die Stelle, an der der Mittellandkanal in Richtung Berlin vom Dortmund-Ems-Kanal abzweigt. Hier können wir eine Pause einlegen und ein wenig dem Betrieb der Schiffe auf dem Wasser zuschauen.

In Rheine an der Ems entspannen und in Elte mit der Fähre fahren

„Go West" heißt es wieder für uns bis nach Rheine. An der Schleuse wenden wir uns nach rechts auf die Westfalenstraße, dann nach links auf die Langekämpenstiege, nach rechts auf die Torfmoorstraße und nach links auf den Weg Am Torfmoorsee; diesem folgen wir bis ans Seeufer. Dieser Baggersee entstand Ende der 1970er Jahre beim Bau der Autobahn. Heute ist er Teil eines Naturschutzgebiets und ein beliebter Badesee. Wir fahren weiter

nach Westen und folgen bald dem Radwegweiser Rheine. An der Osnabrücker Straße angekommen, fahren wir weiter bis zum Russenweg, hier nach rechts und nach 300 m nach links in die Möllerhookstraße. Nun folgen wir der Radwegweisung Rheine Zentrum. In der 11 / Innenstadt Rheine angekommen, können wir uns das historische Zentrum um die Dionysiuskirche und den Falkenhof näher anschauen. Mit der fränkischen Villa Reni fing die Rheinenser Stadtgeschichte um das Jahr 800 an: Die gut zu passierende Furt durch die Ems musste hier gegen die Sachsen östlich der Ems gesichert werden. Unweit von dieser Stelle, neben der Dionysbrücke, gibt es mit der ins Wasser gebauten Emstribüne heute eine sehr attraktive Chill-Meile – sollten wir testen! Weiter geht's für uns dann am westlichen Emsufer in Richtung Emsdetten. Am Rande von Elte folgen wir bei der Schulte-Elte-Straße nicht dem Pfeilwegweiser nach rechts, sondern fahren geradeaus weiter auf dem Weg Zum Hasenpohl, dann auf der Südstraße und auf Zur Bockholter Emsfähre. Mit der Fähre, eine der kleinsten in Deutschland und natürlich handbetrieben, setzen wir über an das Südufer der Ems.

250

Jahre alt (und noch ein bisschen mehr) ist das Recht, die Bockholter Fähre betreiben zu dürfen. Aktuell verkehrt die handbetriebene Fähre in der Zeit zwischen 1. Mai und 1. Oktober samstags, sonntags und an Feiertagen zwischen 11 und 18 Uhr sowie mittwochs zwischen 14 und 18 Uhr.

< links / Emsfähre ^ oben / Hofbrauerei Isendorf in Emsdetten

WANNENMACHER

gab es im 18. und 19. Jahrhundert zuhauf in Emsdetten. Sie waren Spezialisten der Korbflechterei und fertigten in Heimarbeit die flachen Weidenkörbe, mit denen seinerzeit die Bauern das Getreide hochgeworfen haben, damit der Wind die Spreu vom Weizen trennen konnte.

Selbstgebrautes und Ems-Natur

Weiter geht es nach der erfolgreichen Überquerung der Ems. (Im Kopf der Gedanke: Das war eine Fähre? Eine Nusschale für Radler, die den nassen Tod verachten, das war es!) Auf dem Weg durch den Wald und weiter auf dem Isendorfer Weg fahren wir nach Süden bis zur 12 / Hofbrauerei Isendorf. Hier können wir einkehren und uns im früheren Kuhstall des Hofs bei rustikalen Speisen und einem selbstgebrauten (auch alkoholfreien) Bier für den Rest der Radtour stärken. Dann folgen wir dem Isendorfer Weg nach links weiter und orientieren uns an der Wegweisung nach Emsdetten. Am nördlichen Rand von Emsdetten unterqueren wir die Bundesstraße 481, fahren nun Richtung Saerbeck, überqueren (verkehrsregelkonform und mit der gebotenen Vorsicht) die Kreuzung Nordring/Sinniger Straße und biegen direkt nach dem Parkplatz des VW-Autohauses nach rechts ab (An den Klärteichen). Nach 40 m folgen wir nicht dem Rechtsbogen des asphaltierten Wegs, sondern halten uns geradeaus. Wir sind nun auf dem 13 / Radweg in der Emsaue, seit 1998 Naturschutzgebiet, und zwar eines der größten in Nordrhein-Westfalen mit seinen 4.000 ha. Über barrierefreie Wege und Stege kann man hier vielfältige Verweilorte mit spannenden Einblicken in die Natur finden.

1973

begannen im Sandabbaugebiet Gittrup die archäologischen Ausgrabungen (mit Funden auch älteren urgeschichtlichen Lebens), die schließlich dazu führten, das 14 / Freilichtmuseum Sachsenhof zu errichten. Der Sachsenhof ist ein gern besuchter Ort, an dem Geschichte ziemlich authentisch zu erleben ist.

Sachsen-Leben vor fast 2.000 Jahren

Wir fahren weiter und orientieren uns später an den Radwegehinweisen in Richtung Greven. Wir kommen zum 14 / frühmittelalterlichen Sachsenhof, einer eindrucksvollen Rekonstruktion nach archäologischen Funden. Wir sehen hier, wie die Sachsen in der Zeit um 800 n. Chr. gelebt und gearbeitet haben. Wir setzen unseren Weg fort und kommen nach Greven, orientieren uns in Richtung 1 / Bahnhof Greven, überqueren ein letztes Mal die Ems und können uns nach wenigen weiteren Metern zufrieden gegenseitig auf die Schulter klopfen und voller Stolz sagen: Wir haben das Ziel erreicht!

‹ links oben / Freilichtmuseum Sachsenhof
‹ links Mitte / Kanufahren auf der Ems bei Greven

NAH AM ABGRUND

Klippen-Kraxeln beim Hockenden Weib

2,3 Kilometer (zu Fuß),
4,3 Kilometer (Rad)
70 Höhenmeter ▲▼
1:50 Stunden
Rundtour

Wir wechseln nun die Art unserer Fortbewegung: runter vom Sattel und rein in die Wanderstiefel. Für eineinhalb Stunden lernen wir – und das geht hier nur ohne Fahrrad – eine völlig andere Landschaft kennen als die, die wir bisher vom Fahrradsattel aus erlebt haben. Die Dörenther Klippen sind vor 120 Millionen Jahren in der Kreidezeit entstanden und erfreuen unser Auge mit bizarren Felsformationen.

Über den Klippenpfad nach oben

Nachdem wir unsere Räder am 15 / Parkplatz Dörenther Klippen abgestellt haben (abschließen nicht vergessen!), starten wir unseren Abstecher in die Felsenwelt des Teutoburger Walds. Wir orientieren uns an den Wanderweghinweisen Hockendes Weib, kommen auf dem Weg durch den Buchenwald an einer Gaststätte vorbei und gehen dann an der Wegegabelung die rechte Variante Kletterweg Hockendes Weib. Auch von Höhenangst geplagte Menschen können diesen Weg gut bewältigen; er ist zwar anstrengend (ein Wanderweg eben), aber sicher. Bei unseren kleinen Süd-Abstechern zwischen den Felsen – nicht mehr als 30 bis 50 Meter entfernt vom Weg diesseits der Felsen – eröffnet sich uns manch fulminanter Blick in die Münsterländische Tiefebene mit ihrer prägnanten Parklandschaft. Die Felsen selbst beklettern wir nicht – aus Naturschutzgründen, aber auch aus Gründen der Sicherheit ist das geboten, und es ist deshalb auch nicht erlaubt.

Sei gegrüßt, Hockendes Weib!

Schließlich erreichen wir die spektakulärste Felsformation, das 16 / Hockende Weib. Dazu gehört eine mythische Geschichte. Der faktenorientierte Realist weiß natürlich: Es ist eine in der Kreidezeit entstandene Sandsteinformation, geformt durch Wasser und Wind. Viel schöner aber ist diese Version: Vor Urzeiten lebte in der Nähe der Felsen eine Mutter mit ihren Kindern. Ein sintflutartiger Regen kam vom Himmel herab und ließ das Wasser immer höher steigen. Die Mutter flüchtete mit ihren Kindern auf den Gipfel des Bergs, hockte sich hin und nahm die Kinder auf ihre Schultern, um sie vor dem Ertrinken zu retten. Nach bangem Warten erhörte Gott die inbrünstigen Gebete der schon bis zum Hals im Wasser stehenden Frau und schickte die Flut zurück. Die Kinder waren gerettet, die Frau aber wurde zu Stein.

Almhütte geht auch ohne Alm …

Unweit vom Hockenden Weib finden wir die 17 / Almhütte (Mi–So 11:30–18 Uhr). Dieser Name für die Wander- und Ausflugshütte ist wohl ein bisschen selbstironisierend gemeint. Eine Alm gehört ins Hochgebirge, und auf ihr weiden kernige Kühe – doch hier sind weder Kühe in der Nähe, noch ist irgendwo Hochgebirge zu sehen (interessante Felsen, Gipfelhöhe 159 m über NN, immerhin). Wie dem auch sei: Wir haben hier Gelegenheit, uns zu erfrischen und für den Abstieg zu stärken. Auf keinen Fall sollten wir es versäumen, von der an der Hütte stehenden Aussichtsplattform aus den Blick ins Münsterland zu genießen. Wenn wir uns von der Aussicht losreißen können, wählen wir für unseren Rückweg den mit einem „H" gekennzeichneten ausgebauten Wanderweg.

TOURENINFO / Diese kurze, aber durchaus anspruchsvolle Rundwanderung erfordert festes Schuhwerk. Es geht – auf markierten und sicheren Wegen – teilweise über Stock und Stein und über Felsformationen hinweg. Der Lohn der Mühen: Ein beeindruckender Blick von oben in die Münsterländische Tiefebene.

---

^ oben / Bllick von den Dörenther Klippen

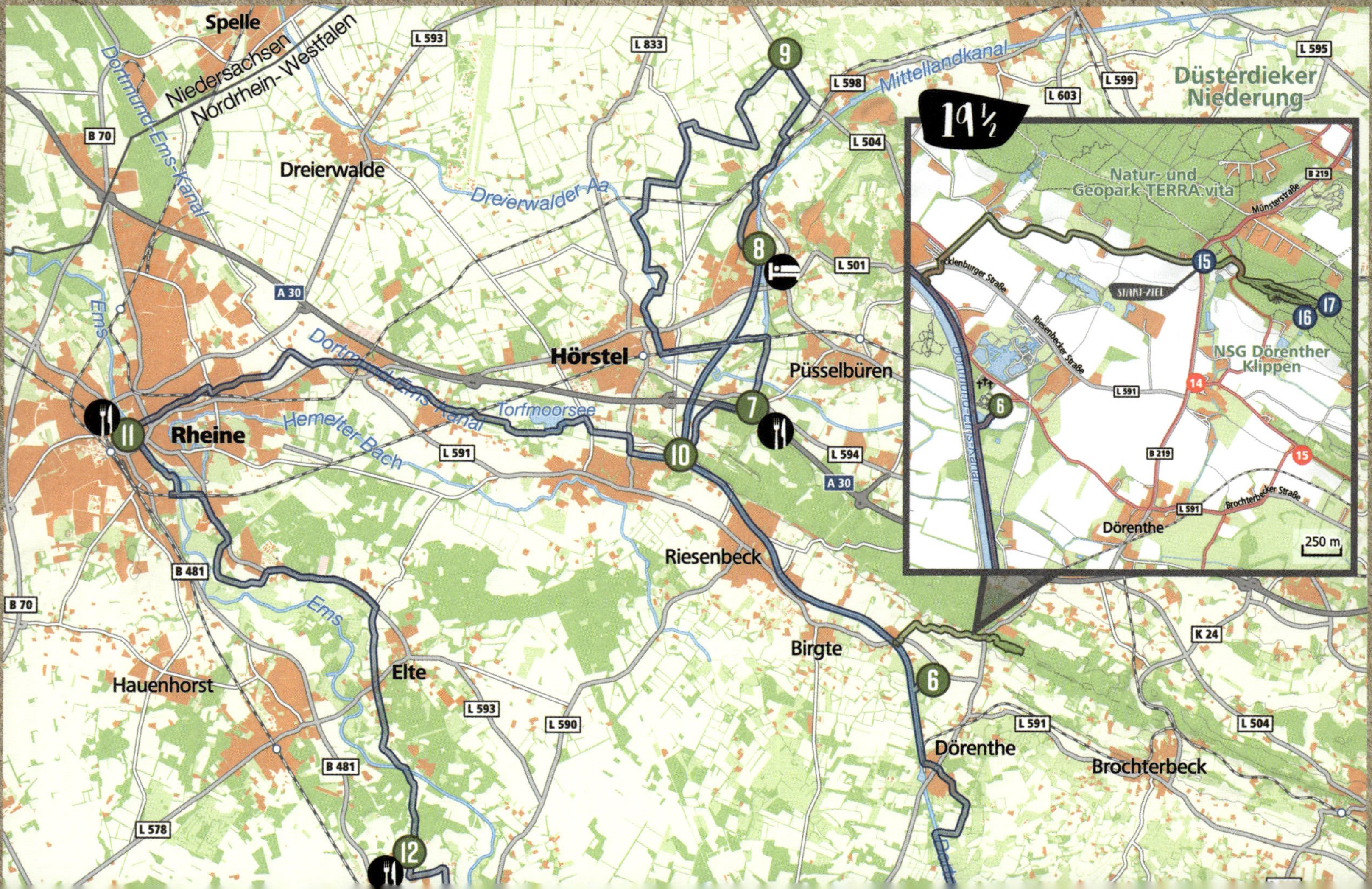
19½
Spelle
Niedersachsen
Nordrhein-Westfalen
Dortmund-Ems-Kanal
Dreierwalde
Dreierwalder Aa
Mittellandkanal
Düsterdieker Niederung
Hörstel
Püsselbüren
Rheine
Hemelter Bach
Torfmoorsee
Ems
Riesenbeck
Birgte
Elte
Hauenhorst
Dörenthe
Brochterbeck
Natur- und Geopark TERRA.vita
NSG Dörenther Klippen
Münsterstraße
Tecklenburger Straße
Riesenbecker Straße
Brochterbecker Straße
START-ZIEL
250 m
L 593
L 833
L 598
L 603
L 599
L 595
L 504
L 501
L 591
L 594
L 590
L 578
A 30
B 70
B 481
B 219
K 24
6
7
8
9
10
11
12
14
15
16
17

Tour 19 + 19½

START / ZIEL

Bahnhof Greven

HINKOMMEN

Auto / Parkplatz am Bahnhof, Biederlackstr. 6, 48268 Greven
ÖPNV / Mit der Bahn vom Hbf Münster, RE 15 (Richtung Emden) oder RB 65 (Richtung Rheine)
Zurückkommen: Mit der Bahn von Greven mit RE 7, RE 15 oder RB 65 nach Münster Hbf

➤ 1 / Bahnhof Greven ➤ 2 / Ortskern von Gimbte ➤ 3 / Bockholter Berge ➤ 4 / KÜ ➤ 5 / Ladbergen ➤ 6 / Botanischer Garten Loismann ➤ 7 / Parkplatz Dörenther Klippen ➤ 8 / Kunsthaus Kloster Gravenhorst ➤ 9 / Heiliges Meer ➤ 10 / Nasses Dreieck ➤ 11 / Innenstadt Rheine ➤ 12 / Hofbrauerei Isendorf ➤ 13 / Radweg in der Emsaue ➤ 14 / Freilichtmuseum Sachsenhof ➤ 15 / Parkplatz Dörenther Klippen ➤ 16 / Hockendes Weib ➤ 17 / Almhütte

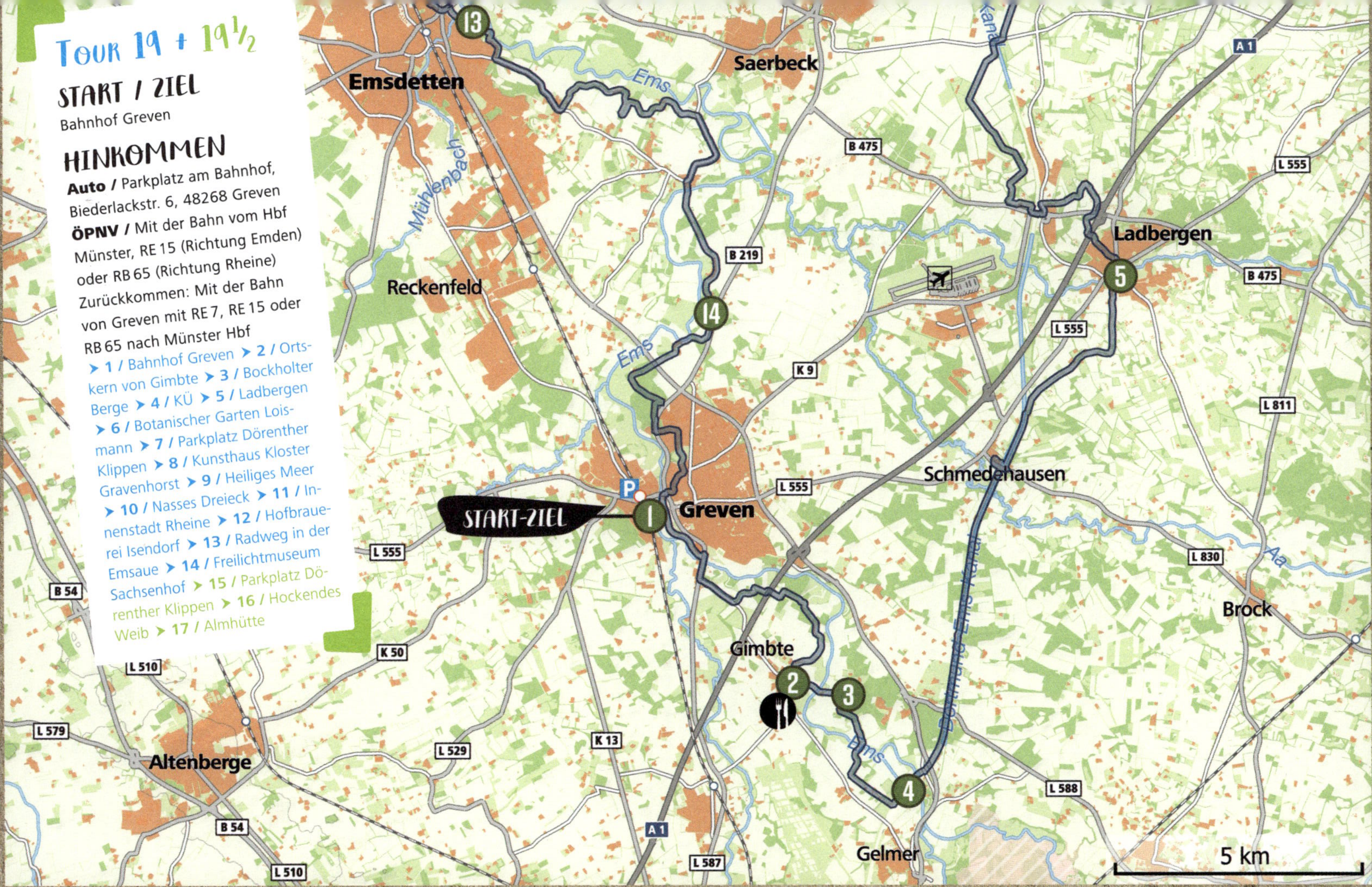

IM FLOW!

Ich liebe es, bei dieser Tour abzuschalten. Wer will, kann die Ortskerne meiden und genießt die offene weite Landschaft am Fluss.

- **1 /** Satteltaschen packen am Bahnhof Wickrath
- **2 /** Nicht nur für Pferdefreunde: Schloss Wickrath
- **3 /** Rastplatz der Extraklasse am Schloss Rheydt
- **4 /** Schloss Neersen bittet zum Eis
- **5 /** Artenvielfalt bestaunen am Nierssee
- **6 /** Ruinen am Niersarm: die Burg Uda
- **7 /** Perfekter Rastplatz mit Niersblick bei Mariendonk
- **8 /** Viel Historie im Ortskern von Wachtendonk, wo wir übernachten
- **9 /** Niersfähre am Zusammenfluss mit der Nette
- **10 /** Beeindruckt mit Küche und Größe: Schloss Haag
- **11 /** Pilgerzentrum am Niederrhein ist der Wallfahrtsort Kevelaer
- **12 /** Belohnung zum Abschied bei Jan an de Fähr
- **13 /** Am Bahnhof Goch steigen wir vom Sattel

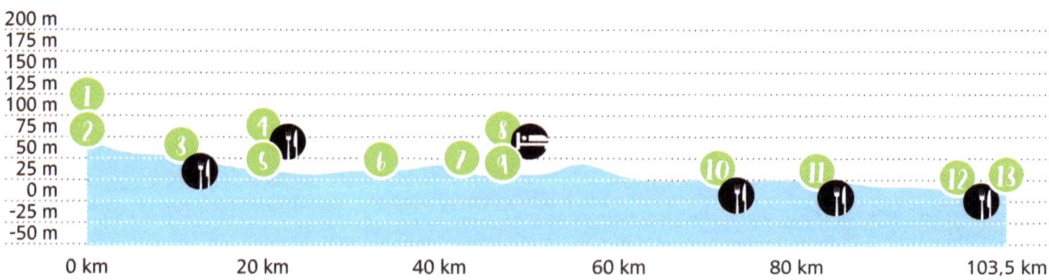

IM HERZEN DES NIEDERRHEINS

Von Wickrath bis Goch die Niers entlang

Zwischen Maas und Rhein gelegen, ist die Niers der kleinste der niederrheinischen Flüsse. Wir lassen uns zwischen Auenwäldern und weiten Feldern zwei Tage lang flussabwärts treiben. Schlösser, Burgen, romantische Parks und ein bedeutender Wallfahrtsort säumen unseren Weg.

47 + 56 Kilometer
30 + 60 Höhenmeter ▲
50 + 70 Höhenmeter ▼
3:10 + 3:50 Stunden
Streckentour

TAG 1: Los geht's

Am 1 / Bahnhof Wickrath kontrollieren wir noch einmal die Packtaschen. Die vor uns liegende Tour stellt keine großen Anforderungen an Gerät oder Kondition, aber wenn du es darauf anlegst, kannst du dich zwei Tage von Orten weitgehend fernhalten und die niederrheinische Kulturlandschaft in all ihrer Vielfalt pur erleben. Unsere Route gönnt sich allerdings hin und wieder einen Schlenker – für ein Plus an Kaffee und Kultur. Wir überqueren die Bahngleise und fahren die Poststraße entlang zum Knotenpunkt 43, von wo aus die Trompeterallee direkt zum 2 / Schloss Wickrath

CHARAKTER

Sportlich	●●○○○
Abkühlung	●●●○○
Schlemmen	●●●○○
Panorama	●●●○○

TOURENINFO / Leicht fahrbare Strecke, weite Teile asphaltiert, nur wenige Stellen schlecht ausgebaut. Steigungen sind kein Thema.

‹ links / Mal wild, mal gezähmt, oft zum Träumen: die Niers

führt. Der Innenhof ist in jedem Fall einen Blick wert. Die Anlage der Schlossinseln bildet von oben die Form einer Grafenkrone nach, eine absolutistisch inspirierte, aber in dieser Form ungewöhnliche Interpretation. Wir umfahren das Schloss im Uhrzeigersinn, vorbei an Reitplätzen und Koppeln. Der rheinische Pferdezuchtverband hat hier im Schloss seinen Sitz. Hinter der Autobahn und den folgenden Feldern halten wir uns am Bahndamm links und folgen dem großen Niersbogen entlang des östlichen Rands von Mönchengladbach. Dabei können wir entspannt den Ausschilderungen des Niersradwanderwegs folgen, der zunächst zum Knotenpunkt 12 führt.

Mühlenroute

Am Wegesrand passierst du rechts eine Tafel, die an die Güdderather Mühle von 1509 erinnert – und damit daran, dass die Niers nicht nur ein über viele Strecken malerischer Fluss ist. Er wurde auch immer schon intensiv genutzt. Dein Weg führt dich vorbei an den Knotenpunkten 11, 38 und 13 und bietet immer wieder gute Gelegenheiten für eine kurze Pause. Beim Knotenpunkt 10 verlassen wir den Radwanderweg und lassen uns das nächste Highlight nicht entgehen: 3 / Schloss Rheydt (Di–Fr 11–17, Sa–So 11–18 Uhr, Schlossstr. 508, 41238 Mönchengladbach, schloss-rheydt.de). Unter den zahlreichen Schlössern des Niederrheins ist dies die einzige vollständig erhaltene Anlage aus der Zeit der Renaissance. Das Museum ist schon allein der Architektur wegen sehenswert und zeigt viel Regionalhistorisches aus der einstigen Textilstadt Mönchengladbach. Das italienische Restaurant gehört zu einer Kette, kann aber nicht nur mit seiner schön gelegenen Terrasse punkten. Wir umrunden das Schloss im Uhrzeigersinn dem schönen Graben folgend und gelangen wieder auf den Radwanderweg in Richtung Knotenpunkt 9. Die Niers zeigt sich dir auf

MÜHLENLAND

Öl, Papier, Getreide: Vor seiner Begradigung trieb das Flüsschen zahlreiche Wassermühlen an. Achte doch mal auf die Plaketten am Wegrand.

➤ rechts groß / Schloss Wickraths schöner Innenhof ➤ rechts klein / Eine der Mühlenplaketten am Wegesrand

100

So viele Hengste gab es in Wickrath, als 1892 das Rheinische Pferdestammbuch gegründet wurde. Schon die Franzosen hatten hier knapp hundert Jahre zuvor ihre Zuchttiere auf dem Schloss untergebracht und begründeten damit eine Tradition, die Wickrath bis heute eine besondere Stellung in der Pferdezucht sichert.

LAUSCHIGES PLÄTZCHEN

Einen tollen Rastplatz findest du auf der Rückseite des **3 / Schlosses Rheydt**. Unter schattigen Bäumen genießt du einen fantastischen Blick auf das Herrenhaus.

den folgenden Kilometern grün, aber etwas eingepfercht mit dem Radweg dicht an ihrer Seite.

Rastplatz mit Aussicht

Eine große Rampe führt uns über die Bahnlinie und den Gladbach, dem die Stadt ihren Namen verdankt. Nach einigen Kilometern lockeren Dahinrollens vorbei an Knotenpunkt 6 läuft der Weg parallel zur A44. Wir können direkt am Fluss bleiben und ihn an der Schwebefähre überqueren. Da uns aber auf dieser Tour noch zwei Fähralternativen bevorstehen, können wir alternativ ein weiteres Schloss und einen schönen Ausblick wählen. Dazu folgst du von Knotenpunkt 5 über 95 bis 8 der Hauptstraße, die zwar mäßig attraktiv zu fahren ist, aber schon nach wenigen Minuten am 4 / Schloss Neersen ankommt. Ein griechisches Restaurant links, ein italienisches rechts und gutbürgerliche Küche vor uns bieten genügend Auswahl für eine größere Rast. Für eine kurze Pause bietet sich das Eiscafé in der Orangerie hinter dem Hauptgebäude an, das in den Sommermonaten nicht nur Eis, sondern auch Kaffespezial-

SCHLOSS & SCHLEMMERMÖGLICHKEITEN

itäten und Kuchen anbietet und außerdem einen schönen Ausblick auf den Schlosspark mit seinem alten Baumbestand ermöglicht. Zurück zur Niers geht es vom Knotenpunkt 8 zum Knotenpunkt 16 die Virmondstraße und dann den Niersplank entlang. Auf dem Bettrather Dyk nimm dir einen Moment Zeit für einen Blick über den 5 / Nierssee. Die Chance, dabei reichlich Wasservögel beobachten zu können, ist ziemlich hoch.

Der Fluss als Kanal

Die nächsten Kilometer kannst du locker die hier begradigte Niers entlangradeln, vorbei am Knotenpunkt 68 immer den Grenzweg entlang, bis wir bei Süchteln nach rechts in die Tönisvorster Straße abbiegen. Erneut abbiegen zum Knotenpunkt 7 und dahinter (!) links in die Felder, die Mühlhausener Straße entlang. Am Knotenpunkt 58 den Schildern Richtung Knotenpunkt 34/Oedt folgen. Am dritten Knick geht es ein paar Meter geradeaus zum Wasserblick Niersauenprojekt Burgbenden. Hier zeigt ein renaturierter Flussarm mit Röhricht und Auenwald, wie der Fluss einmal ausgesehen haben kann, bevor ihm ein gerades Bett gebuddelt wurde. Fahr weiter um den Flussarm herum und du stehst schnell vor der 6 / Burg Uda (So 11–17 Uhr, heimatverein-oedt.de). Von ihr ist

< links / Kanalisiert und trotzdem wild ^ oben / Das Herrenhaus von Schloss Rheydt mit seiner Rastplatzseite

EIS

Ob auf die Hand oder sitzend vor der Orangerie: Die kleine Eisdiele im 4 / Schlossgarten von Neersen, geöffnet von Mai bis Oktober, ist defintiv einen kleinen Zwischenstopp wert. Und die Kaffeespezialitäten gibt es alle auch mit Hafermilch.

zwar im Laufe der Jahrhunderte nur der Turm übrig geblieben, der etwas mysteriös und verloren zwischen Mauerresten emporragt. Vom Oedter Heimatverein wird er hingebungsvoll gepflegt. Hier kannst du gut rasten. Die nächste Gelegenheit bietet sich aber nur ein kleines Stück weiter. Die Mühlengasse links und dann der Niers folgen. Die Bänke am Ufer bieten einen herrlichen Ausblick über die Felder. Und bald solltest du den Kopf einziehen: Am Flugplatz Grefrath-Niershorst kreuzen Segelflieger von links.

ANLAGE IM WASSER

Auch AIWA genannt: Die 9 / Handfähre am Zusammenfluss von Nette und Niers hinter Wachtendonk ist einen kleinen Abstecher wert.

Ein Leuchtturm am Fluss

Am Knotenpunkt 81 fahren wir Richtung Knotenpunkt 82, biegen dann aber in den Langendonker Weg ab. Plötzlich ändert die Niers ihr Erscheinungsbild und befreit sich aus ihrem geraden Kanal. Überquere sie an der Mühle und genieße die Felder und Weiden. Am Knotenpunkt 6 fahren wir vorbei an der Abtei Mariendonk und setzen den Weg zwischen den Feldern fort bis zu einem wunder-

---

⮝ oben / Leuchtturm voraus beim Holleshof in Wachtendonk ➤ rechts / Hübsche Fassaden findet man in Wachtendonk viele

baren 7 / Rastplatz mit Niersblick – eine hervorragende Gelegenheit, den Libellen über dem Fluss zuzuschauen und dabei die bereits zurückgelegte Strecke Revue passieren zu lassen. Die etwas lebhaftere Alternative dazu wäre ein paar Kilometer weiter zu finden, direkt hinter dem Knotenpunkt 33: Streichelzoo, Paddelverleih, Maislabyrinth und Grillterasse bietet der Holleshof. Dank seines auffälligen Leuchtturms am Niersufer ist er kaum zu verfehlen.

Ort voller Denkmäler

Von hier aus sind es nur noch wenige Pedaltritte an der Burgruine vorbei bis zum nächsten Highlight, das sich auch für eine Nachtruhe anbietet: 8 / Wachtendonk. Der malerische Ortskern bietet einige Übernachtungsmöglichkeiten, vor allem aber auch eine Auswahl an kulinarischen Angeboten. Vom Ristorante im Alten Pulverturm über das Bio-Restaurant im Flachshaus bis zur Vinothek „Im Schwan" mit prachtvollem Türschild ist für alle Bedürfnisse etwas dabei.

TAG 2: Weiter geht's nach Straelen

Deine Weiterfahrt ab Knotenpunkt 30 führt dich zunächst nicht an die Niers, sondern die Nette entlang. Kurz bevor sich beide Flüsschen vereinen, führt ein kleiner Weg zur 9 / Niersfähre

120

So viele denkmalgehschützten Gebäude finden sich im historischen Ortskern von 8 / Wachtendonk. Seit 1560 hat sich die Straßenführung nicht mehr geändert und steht „mit übergeordneter Bedeutung" in Gänze unter Denkmalschutz.

GELDERLAND

Eine Provinz diesen Namens gibt es tatsächlich – in den Niederlanden. Ihren historischen Ursprung hat sie aber hier in der Stadt Geldern am Niederrhein.

AIWA. Deine Route bleibt aber auf dieser Flussseite in Richtung Knotenpunkt 34 und von dort weiter Richtung Straelen. Knapp zehn entspannte Kilometer über wenig befahrene Straßen – danach bietet sich der Marktplatz Straelen für ein zweites Frühstück an. Möchtest du dir die Zeit für andere Highlights sparen, kannst du den Schlenker aber auch aussparen, ohne allzu viel zu verpassen, und direkt der Ausschilderung Richtung Knotenpunkt 75 folgen.

AM RENATURIERTEN FLUSSUFER ENTLANG

Schlösser überall

Es geht weiter Richtung Geldern. Die unschöne Passage über die Niersstraße auf dem Weg zum Knotenpunkt 29 ist zum Glück nur kurz, danach folgen wieder wunderschöne Kilometer durch die niederrheinische Landschaft. Hinter den Knotenpunkten 93 und 95 halte dich rechts, wo du wieder direkt parallel zur Niers vorbei am renaturierten Flussufer nach Geldern gelangst. Noch vor dem Knotenpunkt 20 im Ortskern kannst du links in die Bahnhofstraße fahren und weiter am Markt vorbei, der Beschilderung folgend Richtung 10 / Schloss Haag (Di–So 11–21 Uhr, Bartelter Weg 8,

47608 Geldern, kloibers.com) und Knotenpunkt 21. Die Schlossanlage wirkt schon von außen imposant und birgt im Inneren einen Golfclub sowie ein Restaurant mit gehobener Küche und bestem Ausblick im Innenhof. Hinter der Willickschen Mühle rechts an der Kapellener Straße tauchen wir wieder ein in die weiten Felder und Weiden, bis wir nach fünf Kilometern am Knotenpunkt 49 nach links Richtung Wetten und durch den kleinen Ort hindurch, an St. Petrus vorbei, Richtung Kevelaer fahren. Richtig charmant ist leider keiner der Wege dorthin. Folge einfach der Marienstraße, später Wettener Straße, dann am Kreisverkehr dem Hoogeweg. Du kannst 11 / Kevelaer links liegen lassen und einfach geradeaus weiterfahren, wenn dir danach ist. Einen solchen Ort, der zu den berühmtesten am Niederrhein gehört, sollten wir uns aber nicht entgehen lassen und biegen ein in die Rhein- und Bahnstraße zum Knotenpunkt 47 hinter dem Bahnhof. Die Busmannstraße führt weiter zum Kapellenplatz.

BURGEN-LAND

Entlang der Niers gibt es mehr Burgen und Schlösser als man meinen könnte. Viele sind immer noch in Privatbesitz und auch nicht zu besichtigen. Haus Ingenraedt und Haus Vlassrath in der Umgebung von Straelen gehören dazu. Wir entdecken im Laufe der Reise noch einige mehr.

Marienerscheinung

Schon ein flüchtiger Blick auf die sechseckige Gnadenkapelle, die leuchtende Wand an der Kerzenkapelle und die Basilika St. Marien, die alles überragt, gibt dir einen starken Eindruck von der Bedeutung, die die Marienwallfahrt hierhin für viele Menschen haben

< links / Wer mag Hand anlegen? Niersfähre AIWA hinter Wachtendonk
^ oben / Wuchtig: St. Peter und Paul in Straelen

MARIEN-ERSCHEINUNG

In der Nähe 11 / Kevelaers soll 1641 die Heilige Maria einem Handelsmann erschienen sein und den Bau einer Kapelle erbeten haben: So geht die Geschichte vom Ursprung der dortigen Wallfahrt. Heute besuchen mehrere hunderttausend Menschen jährlich den niederrheinischen Ort.

kann. Im Umfeld findet du auch zahlreiche Gelegenheit, dich für die letzte Etappe zu stärken, die noch einmal die Niers von ihrer schönsten Seite zeigt. Über die Amsterdamer, Egmont- und Lindenstraße sind wir schnell wieder aus dem lebendigen Ortskern heraus. Links in den Rosenbroecksweg, den Radschildern über die Niersbrücke folgen und gleich links halten. Wir bleiben die nächsten Kilometer auf der rechten Niersseite und folgen weiter den Radschildern nach Weeze. Erst nachdem wir Schloss Wissen am linken Niersufer haben vorbeiziehen sehen, wechseln wir bei nächster Gelegenheit die Flussseite. Gesseltweg und Loestraße bringen dich im Schlenker um die alte Kirche St. Cyriakus herum zum Knotenpunkt 42. Der linke Weg die Niers entlang zum Knotenpunkt 43 ist der schönere, halte dich vor dem Sportplatz scharf links, direkt den in sanften Bögen dahinfließenden Fluss entlang.

Fähre mit Rastplatz

Von Knotenpunkt 43 zu 44 hast du wieder die Wahl und wieder empfiehlt sich der linke Weg am Fluss entlang. Er führt dich zur Handfähre mit angeschlossener Einkehr am Niersufer bei 12 / Jan an de Fähr (Höst-Vornicker-Weg 9, 47652 Weeze, janandefähr.de). Die eher deftige Küche erledigt auch den größten Hunger. Von hier aus bleiben noch knapp fünf Kilometer zum 13 / Bahnhof Goch. Entweder fährst du die nahe Uedemer Straße links bis ins Gocher Zentrum und folgst weiter der Ausschilderung zum Bahnhof. Oder du nimmst – etwas länger, aber schöner – den Weg zum Knotenpunkt 44 rechts an der Uedemer Straße, dann den Kalbeck durch den Wald und an der Gabelung links die Kalbecker Straße. Weiter geradeaus und du gelangst ebenfalls ins Ortszentrum und zum Bahnhof, unserem Ziel.

HANDBETRIEB

Von den drei Niersfähren mit Muskelkraft liegt die praktischste kurz vor Ende der Strecke. Bei 12 / Jan an de Fähr liegt der Lohn der Mühe am anderen Ufer.

< links oben / Ort der Wallfahrt: die Gnadenkapelle in Kevelaer < links Mitte / Leuchtende Wand an der Kerzenkapelle

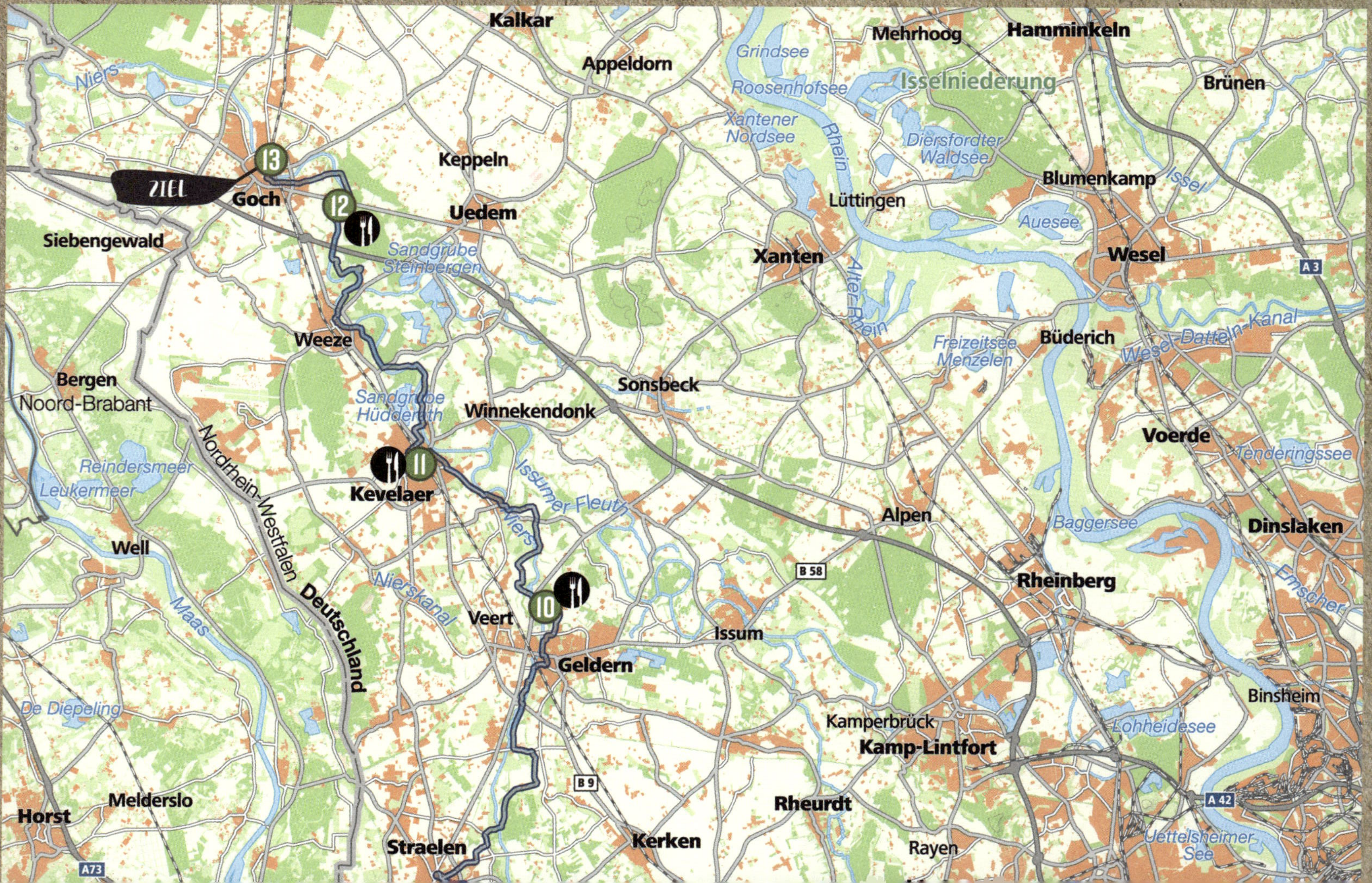
Kalkar
Appeldorn
Mehrhoog
Hamminkeln
Brünen
Grindsee
Roosenhofsee
Isselniederung
Xantener Nordsee
Rhein
Diersfordter Waldsee
Blumenkamp
Issel
Niers
ZIEL
Goch
Keppeln
Uedem
Lüttingen
Auesee
Siebengewald
Sandgrube Steinbergen
Xanten
Wesel
A 3
Alter Rhein
Weeze
Freizeitsee Menzelen
Büderich
Wesel-Datteln-Kanal
Bergen
Noord-Brabant
Sonsbeck
Sandgrube Hüdderath
Winnekendonk
Voerde
Nordrhein-Westfalen
Reindersmeer
Leukermeer
Kevelaer
Issumer Fleuth
Tenderingssee
Alpen
Baggersee
Dinslaken
Well
Niers
B 58
Rheinberg
Maas
Nierskanal
Veert
Deutschland
Emscher
Issum
Geldern
De Diepeling
Binsheim
Kamperbrück
Lohheidesee
Kamp-Lintfort
B 9
Melderslo
Rheurdt
A 42
Horst
Kerken
Uettelsheimer See
Straelen
Rayen
A73

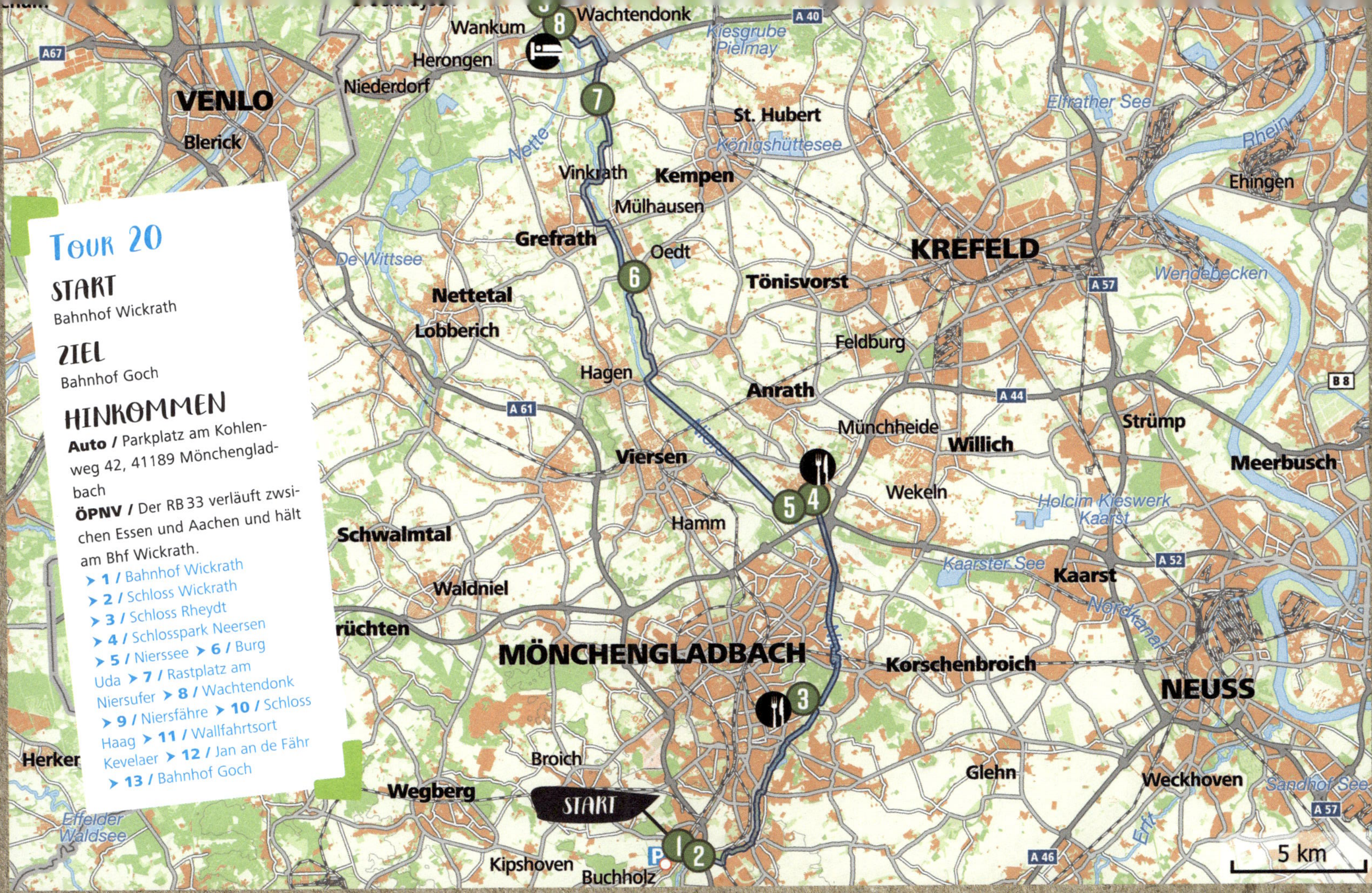

TOUR 20

START
Bahnhof Wickrath

ZIEL
Bahnhof Goch

HINKOMMEN
Auto / Parkplatz am Kohlenweg 42, 41189 Mönchengladbach

ÖPNV / Der RB 33 verläuft zwischen Essen und Aachen und hält am Bhf Wickrath.

➤ **1** / Bahnhof Wickrath ➤ **2** / Schloss Wickrath ➤ **3** / Schloss Rheydt ➤ **4** / Schlosspark Neersen ➤ **5** / Nierssee ➤ **6** / Burg Uda ➤ **7** / Rastplatz am Niersufer ➤ **8** / Wachtendonk ➤ **9** / Niersfähre ➤ **10** / Schloss Haag ➤ **11** / Wallfahrtsort Kevelaer ➤ **12** / Jan an de Fähr ➤ **13** / Bahnhof Goch

DAS IST KULT!

Diese Tour zeigt mir ein ganzes Dutzend von Revier-Highlights. Mein Tipp: Nicht bei bestem Wetter am Wochenende. Da sitzt das halbe Revier im Sattel!

➤ **1 /** Der Hbf. Bochum ist unser verkehrsgünstiger Ausgangspunkt

➤ **2 /** Heimstatt der Ruhrtriennale: die Bochumer Jahrhunderthalle

➤ **3 /** An Holgers Erzbahnbude trifft sich das radelnde Ruhrgebiet

➤ **4 /** Am UNESCO-Welterbe führt kein Weg vorbei: Zeche Zollverein

➤ **5 /** Fast ein Zwilling: Zeche Nordstern beeindruckt nicht nur mit ihrem weiten Park

➤ **6 /** Der Tetraeder in Bottrop bietet Ausblicke aus schwindelerregender Höhe

➤ **7 /** Der Gasometer Oberhausen bietet überwältigende Raumeindrücke

➤ **8 /** Die Neue Mitte lockt mit Shopping und einer Gastro-Promenade

➤ **9 /** Ruhr-Geschichten erzählt das Wassermuseum Aquarius

➤ **10 /** Im Ringlokschuppen lässt sich gut speisen mit Schloss Broich im Blick

➤ **11 /** Rüttenscheid lässt keine kulinarischen Wünsche offen

➤ **12 /** Das Eisenbahnmuseum Bochum überzeugt nicht nur Dampflokfans

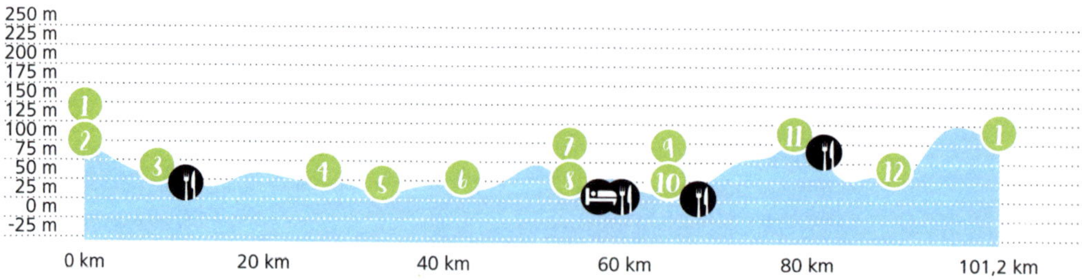

INDUSTRIEKULTUR PUR

Deine ultimative Schleife
durchs Herz des Ruhrgebiets

Zollverein, Jahrhunderthalle, Tetraeder, Gasometer – keine Frage: Dies ist der Königsweg der Industriekultur durchs Revier! Am zweiten Tag zeigt sich das Ruhrtal von seiner schönsten Seite und belohnt dich für den vollen Highlight-Kalender des Vortags. Danach ist das Ruhrgebiet für dich kein Unbekanntes mehr.

Tag 1 + Tag 2
55 + 46 Kilometer
170 + 170 Höhenmeter ▲
200 + 140 Höhenmeter ▼
3:40 + 3 Stunden
Rundtour

TAG 1: Kunst statt Gas

Den 1 / Bochumer Hauptbahnhof mit seiner wunderbaren 50er-Jahre-Fassade im Rücken starten wir nach rechts, und fädeln uns an der Kreuzung nach links abknickend in das große Radwegenetz ein. Quer durch die Innenstadt geht es vorbei am Rathaus und dem Knotenpunkt 77 und weiter westwärts Richtung Knotenpunkt 29. Der liegt schon auf dem Gelände deines ersten Tourenhighlights: der 2 / Jahrhunderthalle. Nicht nur abends, wenn die ehemalige Gaskraftzentrale des Bochumer Gussstahl-

CHARAKTER
Sportlich ●●●○○
Abkühlung ●●●○○
Schlemmen ●●●●○
Panorama ●●●●○

TOUR, DIE DU SO NIE GEMACHT HÄTTEST

TOURENINFO / Perfekte Trassen, gut asphaltiert, bestimmen über weite Strecken unseren Weg. Die Steigungen ziehen sich, bleiben aber moderat. Nur einige städtische Passagen. Nimm dir Zeit, denn zu erfahren gibt es am Rande der Route viel.

< links / Aushängeschild der Industriekultur: der Doppelbock-Förderturm von Zeche Zollverein

TOUR, DIE DU SO NIE GEMACHT HÄTTEST

werks zum kulturellen Treffpunkt wird, bietet das 158 Meter lange Bauwerk einen Eindruck vom Energiehunger der ehemaligen Industrieanlage. Die Rohstoffe gelangten über eine eigene Bahnlinie hierher – sie ist heute deine perfekte Verbindung durch den Bochumer Norden.

Knappen-Kult

Das macht die Wegführung einfach: Über die „Erzbahnschwinge", eine schwungvolle Brückenkonstruktion, geht es angenehm zu Knotenpunkt 47 und dann 46. Hier steht 3 / Holgers Erzbahnbude – nicht nur geografisch ganz nah am Mittelpunkt des Reviers. Neben Getränken und Snacks gibt es Flickzeug, und neue Bekanntschaften bleiben kaum aus. Nur entscheiden musst du dich hier. Entweder du wählst den direkten Weg, der dir etwas mehr Zeit bei den nächsten Highlights bringt, dann fährst du links nach Westen zum Knotenpunkt 48. Oder du folgst uns auf die Reise durch den Gelsenkirchener Osten. Dann geht es weiter die Erzbahntrasse nordwärts Richtung Knotenpunkt 44. Das rollt gut, und hinter der Unterquerung der A42 musst du aufpassen, dass du nicht die Abfahrt links hoch zur Reckfeldstraße verpasst. Dort oben ist die Verkehrsführung etwas unübersichtlich. Du musst links versetzt dem kleinen Radweg weiter geradeaus folgen. Er knickt vor den Bahngleisen westwärts nach links, biegt später wieder nach Süden und bringt dich auf direktem Wege zur Wiege von Schalke 04. Viele der ersten Spieler waren auch Bergleute, Knappen, und verdienten ihr Geld auf Zeche Consolidation. Die wiederum spendete den Fußballplatz: Frische Luft hält ja fit, wie wir wissen.

RHEINELBEPARK

Ein Park für Entdecker: Viele Kunstwerke warten im Dickicht der ehemaligen Zeche Rheinelbe, am Ende lockt der Blick von der „Himmelstreppe" auf dem Haldengipfel.

Welterbe voraus

Direkt am markanten Doppelstrebengerüst vorbei geht es durch den Consol-Park und geradeaus, am Discounter vorbei, in den kleinen

---

➤ rechts oben / Die Jahrhunderthalle, Bochums Kulturtempel für den großen Auftritt ➤ rechts Mitte / Die Fahrradpumpe findest du auf der Theke, in Holgers Erzbahnbude

RUHR-TRIENNALE

Zechen, Kokereien, Maschinenhäuser: Sie mit Kunst zu neuem Leben zu erwecken, ist das erklärte Ziel der Ruhrtriennale. Alle drei Jahre wechselt die Intendanz. Mittlerweile belebt sie schon mehr als 20 Jahre die Region und lockt international angesehene Akteure an die Ruhr.

RUHR MUSEUM

Zu den zahlreichen Orten, die auf **4 / Zollverein** einen Besuch wert sind, gehört das Ruhr Museum, das die Geschichte der Region erzählt.

TOUR, DIE DU SO NIE GEMACHT HÄTTEST

Radweg, der uns nach der weiten Rechtskurve zur Bismarckstraße bringt. Hinter den Gleisen links in die Hohenzollernstraße abbiegen. Den Bulmker Park, der nach einem knappen Kilometer links auftaucht, queren wir, den Radwegen folgend, Richtung Hohenstaufenallee. An deren Ende leicht versetzt der Kesselstraße weiter nach Süden folgen, und du gelangst zu einer etwas skurrilen Sehenswürdigkeit: dem ehemaligen Kohle- und Erzbunker des Stahlwerks „Schalker Verein". Kaum abzureißen, entschied man sich, die Südseite mit Solarpanels zu behängen. Der „Solarbunker" war geboren. Wir biegen am Kreisverkehr wieder auf die Hohenzollernstraße südwärts. Hinter dem Tunnel heißt sie Ückendorfer Straße, ist nicht schön, bringt uns aber direkt zurück zur „Kray-Wanner-Bahn", der Radtrasse zum Knotenpunkt 48. Weiter südwestlich am Rheinelbepark und der dazu gehörenden Halde vorbei, und am Knotenpunkt 49 verdichten sich die Hinweise, dass du auf direktem Weg zum 4 / Welterbe Zollverein bist. Wir folgen in weiten Schleifen der Trasse zunächst zum Knotenpunkt 60 – den ersten Schacht haben wir schon hinter uns gelassen – und weiter zum Knotenpunkt 59 auf dem Gelände des UNESCO-Welterbes.

Zwillingszechen

Das unverkennbare „Doppelbock"-Fördergerüst steht links, dort gibt es auch Gastronomie und die lange, wie glühender Stahl leuchtende Rolltreppe, die dich in die ehemalige Kohlenwäche zum Ruhr Museum und zum Portal der Route der Industriekultur führt. Lass dir das nicht entgehen! Allerdings wirst du auch nicht alles schaffen. Das Gelände ist groß, und die Kokerei gehört auch dazu. Wenn du dich loseisen kannst, fahre ans nördliche Ende des Geländes, vorbei an den alten Schächten 1 und 2, wo du auf die Bullmannaue triffst. Links halten und am Ende der Martin-Kremmer-Straße unter den Gleisen hindurch auf die Köln-Mindener-Straße. Ein Stück nach rechts, und wir kommen links auf den Radweg, der uns, den Katernberger Bach begleitend, zum Nordsternweg führt. Hoch auf die Trasse und ab nach links zum Knotenpunkt 61. Rechts halten am Kanal entlang, und bitte unbedingt auf halbem Weg zur Brücke den rechten, parallelen Weg nehmen, du fährst sonst unter der Brücke hindurch, wir wollen aber darüber. So gelangst du quer durch den Park und radelst direkt auf die Schacht-Gebäude von 5 / Zeche Nordstern zu. Entworfen wurden sie von Fritz Schupp, der – zusammen mit Martin Kremmer – unter anderem auch für Zollverein XII verantwortlich zeichnete. Den 18 Meter großen Herkules setzte der

GARTENSTADT

Die Zeche Vereinigte Welheim ist vergessen, doch die Arbeiterhäuser, die für sie errichtet wurden, sind sehenswert. 40 verschiedene Typen wurden, architektonisch aufeinander abgestimmt, in einer Siedlung vereinigt, geprägt von der Idee der englischen Gartenstadt.

< links / Industriedenkmal und Fußballlegende: Zeche Consolidation und Schalke 04 sind nicht zu trennen ^ oben / Nicht nur im Gegenlicht einen Halt wert: der Nordsternpark

Künstler Makus Lüpertz oben auf den Turm. Der Biergarten davor bietet eine Gelegenheit zur Rast, bevor es an die Bergetappe geht.

Drei Ecken, dreidimensional

Es geht weiter links an den Zechengebäuden vorbei, rechts zum Kreisverkehr und die Straße Zum Bauverein nach Westen. An der Alten Emscher folgen wir dem parallelen Radweg nach rechts und biegen an der Wiese nach links über die Karnaper Straße. Links versetzt weiter über die Straße Bräukerwald, in der Kurve links ins Grün, und im weiten Bogen durchs Karnaper Wäldchen nach Süden bis zur Gundstraße, wo wir uns wieder nach Westen wenden und die B 224 überqueren. Dahinter passieren wir die Gartenstadt Welheim, eine außergewöhnlich gut erhaltene hübsche Zechensiedlung. Links in die Welheimer Straße, sofort wieder nach rechts und hinter den Spielplätzen dem Radweg Richtung Knoten-

AQUARIUS

Die Ruhr war einmal der am dichtesten befahrene Fluss Europas. Von seiner wirtschaftlichen und auch ökologischen Bedeutung erzählt das 9 / Museum im Wasserturm.

⮝ oben / Der Tetraeder in Bottrop: schwindelerregend, aber spektakulär
➤ rechts / Ein markanter Doppelbogen markiert die zentrale Brücke über den Rhein-Herne-Kanal

punkt 5 folgen. Der 6 / Tetraeder taucht schon vor uns auf. Der Zugang erfolgt über die Brücke, dann unbedingt zunächst nach links, und nach wenigen Metern rechts dem asphaltierten Weg auf die Halde folgen – du bist vermutlich nicht allein. Zu den rund 90 Metern Halde kommt auf der Spitze die rund 60 Meter hohe Tetraeder-Skulptur, die innen begehbar ist und verschiedene Plattformen bietet. Den Ausblick über das Ruhrgebiet und einen Großteil unserer Tour solltest du dir nicht entgehen lassen.

Auf zur „Tonne"

Die Abfahrt macht Laune (Vorsicht: Gegenverkehr!), die Beckstraße überqueren und geradeaus dem Lange-Kamp-Weg bis zu dessen Ende folgen. Wechsele auf die Horster Straße und folge ihr links nach Westen, und du erreichst die Bottroper Innenstadt. Direkt hinter dem Busbahnhof folgen wir rechts den Radwegen in die Kirchhellener Straße, links in die Parkstraße und wieder rechts in die Hans-Böckler-Straße. Vor dem Friedhof links in den Beisenbohmweg, der uns um den Friedhof herum führt. An der Gabelung links halten auf den Eilännenweg, an dessen Ende wir rechts die Straße unterqueren und links den Weg zum Golfplatz Jacobi, OLGA und Neue Mitte nehmen. Am besten folgst du dem aus-

TOUR, DIE DU SO NIE GEMACHT HÄTTEST

NEUE MITTE

Dort, wo einmal Oberhausens stählernes Herz schlug, auf dem Gelände der ehemaligen Gutehoffnungshütte, baute sich die Stadt in den 90er Jahren eine 8 / Neue Mitte. Shopping, Konzert-Arena, Kinos, SeaLife, Gastro-Meile – das alles findest du hier auf engem Raum.

MÜGA

Die Mülheimer Gartenschau brachte der Stadt Mülheim 1992 den Fluss zurück. Die Ruhrpromenade am westlichen Ufer ist die jüngste Fortsetzung davon.

geschilderten Radweg über das Gelände und suchst zwischen Parkplatz und dem Golfclub-Gebäude den leider etwas unscheinbaren Weg Richtung Südwest. Wenn er dir etwas mickrig vorkommt, bist du richtig. Das ändert sich hinter der Unterführung aber, und jetzt ist wieder Trasse angesagt, geradewegs Richtung OLGA-Gelände und 7 / Gasometer, den die Oberhausener liebevoll ihre „Tonne" nennen. Mit 117,5 Metern Höhe ist es DIE Landmarke im westlichen Ruhrgebiet, und der Raumeindruck im Inneren ist gewaltig.

TOUR, DIE DU SO NIE GEMACHT HÄTTEST

Strukturwandel

Früher versorgte der ehemalige Industriegasspeicher unter anderem das Stahlwerk zu seinen Füßen. Heute radeln wir an ihm vorüber und finden stattdessen die 8 / Neue Mitte, ein riesiges Shopping- und Vergnügungsareal. Hotels gibt es einige, sodass sich hier auch gut nächtigen lässt. Eine besonders hübsche Möglichkeit findet sich aber ein kleines Stück weiter unserer Route entlang. Dazu folgen wir dem Radweg an der Haltestelle vorbei und weiter dem geschwungenen Pfad zur Essener Straße. Dort links halten und ein kleines,

leider unschönes Stück der B 231 folgen. Hinter der Brücke und der Knappenstraße führt die Einfahrt nach rechts zum Hostel Veritas, einer sympathischen Unterkunft im ehemaligen Torhaus der Zeche Oberhausen. Links, und zwischen Seniorenwohnhaus und Fabrikhalle hindurch überqueren wir die Mellinghofer Straße. Rudolfstraße, Bermensfeld und Hattinger Straße folgen, an deren Ende rechts versetzt in die Sackgasse, hinter der wir als Radler zum Läppkes Mühlenbach kommen. Wir folgen ihm südwärts zum Lepkeshof (Obsttankstelle!), und am Dreistädteeck weiter dem Lepkesfeld südwestlich. Über Heiermann-, Mellinghofer- und Magdalenenstraße erreichen wir etwas ruppig die A 40, neben der unser Radweg verläuft. Wir folgen ihm zwei Kilometer bis über die große Oberhausener Straße und an der Auffahrt vorbei in die Verbindungsstraße. Sie führt als Tulpenstraße zur Brücke über die Autobahn.

TAG 2: Radschnellweg

Rechts der Blumenstraße folgen und links versetzt in die Albertstraße, an deren Ende links der Radweg die Gleise entlangführt. An der Siegfriedstraße führt uns die Brücke hinüber, links, sofort rechts und wieder links: Das 9 / Aquarius Wassermuseum in Mülheim an der Ruhr ist jetzt schon ausgeschildert. Wir folgen dem Radweg anschließend flussaufwärts nach links und über die Ruhr. Der Styrumer

RÜTTEN-SCHEID

Am höchsten Punkt der Grugatrasse liegt 11 / Rüttenscheid. Ein kleiner Abzweig kann hier nicht schaden, wartet der szenige Stadtteil doch mit einer großen Auswahl an Restaurants, Cafés und netten kleinen Shops auf.

← links / Der Gasometer Oberhausen: schon von Weitem beeindruckend, von innen umso mehr ↑ oben / Der Ringlokschuppen – schöner Rastplatz und Treffpunkt der alternativen Szene

DAMPFRÖSSER

Das jüngste Mitglied im Fahrzeugpark ist 60 Jahre alt, die großen Dampfloks sind deutlich älter. Mitte des 19. Jahrhunderts übernahm die Eisenbahn den Transport der Ruhrkohle und löste eine technische Revolution aus. Im 12 / Bochumer Eisenbahnmuseum wird diese Geschichte anschaulich.

Damm bringt uns zum Knotenpunkt 3, allerdings lohnt sich der Umweg über den 10 / Ringlokschuppen/Schloss Broich Richtung Saarn. An der Camera Obscura vorbei umrunden wir das ehemalige Eisenbahndepot, in dem sich hervorragend rasten und bei „Ronja" speisen lässt. Am ehrwürdigen Schloss Broich vorbei führt der Radweg zum schon erwähnten Knotenpunkt. Jetzt wird zurückgezählt: Rauf auf den Radschnellweg RS1 zum Knotenpunkt 2 und weiter zum Knotenpunkt 1: Das ist die Vorzeigestrecke des Radreviers Ruhr! Wir wechseln rechts auf die Grugatrasse, die quer durch den Essener Süden zum Knotenpunkt 51 führt, einmal bergauf, einmal bergab. Am höchsten Punkt liegt der szenige Stadtteil 11 / Rüttenscheid. Egal, ob dir nach dem Anstieg nach Pizza, Sushi oder Paella ist: Hier wirst du fündig. Danach folgt die angenehme, lange Abfahrt zurück an die Ruhr, der wir am Knotenpunkt 51 wieder begegnen. Eine Einkehrmöglichkeit wartet dort auch auf uns. Wir radeln weiter Richtung Steele, Knotenpunkt 80 und genießen die abwechslungsreichen Blicke auf den Fluss.

TOUR, DIE DU SO NIE GEMACHT HÄTTEST

Langer Aufstieg

Am Knotenpunkt wechseln wir die Flussseite und gelangen durch den langen Tunnel zum 12 / Eisenbahnmuseum Bochum, das viele alte „Schätzchen" unter Dampf hält. Weiter zum Knotenpunkt 28, wo die noch junge Springorum-Trasse den bestmöglichen Aufstieg zurück nach Bochum ermöglicht. Der Weg führt vorbei an alten Kleinzechen zum Haus Weitmar und dem benachbarten Museum für moderne Kunst. Hier ist der höchste Punkt erreicht und wir rollen locker weiter bis zum Glockengarten (rechts auf den Spielplatz achten), wo wir nach links die Trasse verlassen. Steinring/Oskar-Hoffmann-Straße nach schräg links überqueren, und die Düppelstraße bringt uns zurück zum Ausgangspunkt.

HAUS WEITMAR

Neben der Springorum-Trasse liegt der Park des Hauses Weitmar, ein hübscher Rastplatz. Auch sehenswert: das Museumsensemble „Situation Kunst" und „Museum unter Tage".

< links oben / Unterwegs auf dem RS1 < links Mitte / Auch ein Ankerpunkt der Route der Industriekultur: das Aquarius Wassermuseum

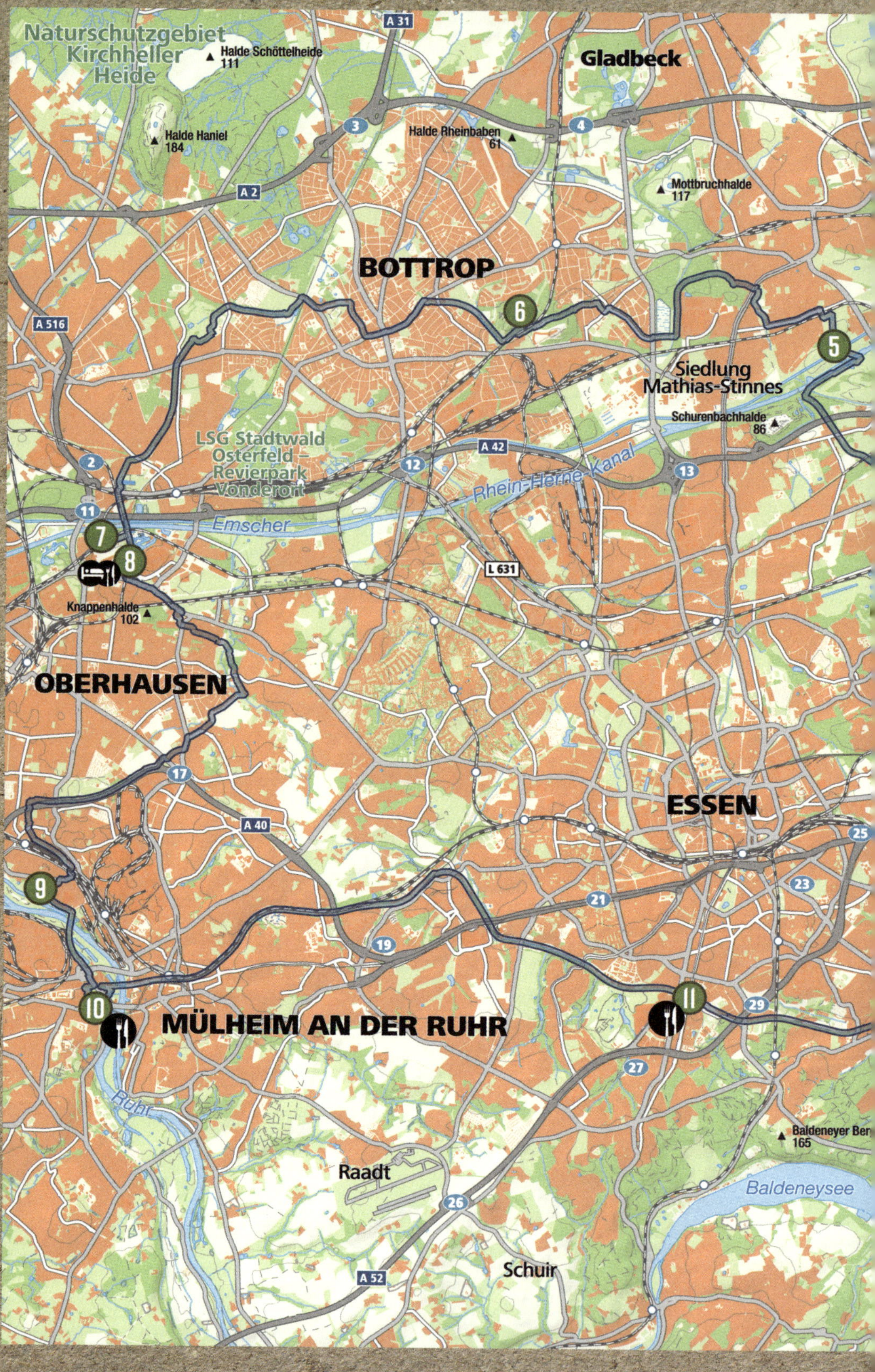

Naturschutzgebiet Kirchheller Heide
Halde Schöttelheide 111
Halde Haniel 184
A 31
Gladbeck
Halde Rheinbaben 61
Mottbruchhalde 117
A 2
BOTTROP
A 516
Siedlung Mathias-Stinnes
Schurenbachhalde 86
LSG Stadtwald Osterfeld – Revierpark Vonderort
A 42
Rhein-Herne-Kanal
Emscher
L 631
Knappenhalde 102
OBERHAUSEN
A 40
ESSEN
MÜLHEIM AN DER RUHR
Ruhr
Baldeneyer Berg 165
Raadt
Baldeneysee
A 52
Schuir

Tour 21

Start / Ziel

Hbf. Bochum

Hinkommen

Auto / A 40, Abfahrt Bochum-Zentrum und den Schildern folgen. Alternative: Du steigst an der Jahrhunderthalle in die Tour ein. **ÖPNV /** ICE, Regionalexpress, S-Bahn – du hast die Wahl

➤ **1 /** Hbf. Bochum ➤ **2 /** Jahrhunderthalle ➤ **3 /** Erzbahnbude ➤ **4 /** UNESCO-Welterbe Zollverein ➤ **5 /** Zeche Nordstern ➤ **6 /** Tetraeder ➤ **7 /** Gasometer Oberhausen ➤ **8 /** Neue Mitte Oberhausen ➤ **9 /** Aquarius Wassermuseum ➤ **10 /** Ringlokschuppen/Schloss Broich ➤ **11 /** Rüttenscheid ➤ **12 /** Eisenbahnmuseum Bochum

BYE-BYE INS WOCHENENDE!
Wir gehen auf große Ausfahrt, wie hier auf Tour 20 entlang der Niers

AUFGESATTELT!

NORDRHEIN-WESTFALEN: RADBASICS

RADVERGNÜGEN

in Nordrhein-Westfalen

Nordrhein-Westfalen lässt jedes Radlerherz höherschlagen – es warten so abwechslungsreiche Strecken wie flache Bahntrassen-Radwege, fantastische Flussradwege und bergige Landschaften. Nicht umsonst gehört das Bundesland zu den beliebesten Ausflugsregionen bei Radtouristen.

HÖHEPUNKTE

Rhein, Ruhr, Lippe, Erft, Ems und Weser sind nur die bekanntesten Flüsse, die Nordrhein-Westfalen durchziehen. Mit dem Weser-, Ruhrtal- und Rheinradweg entlang dieser Flüsse verbinden einige der beliebtesten Radfernwege NRW mit seinen Nachbarbundesländern. Die Liebe zum „Fiets", wie das Rad jenseits der Staatsgrenze heißt, steht hinter der niederländischen kaum zurück. Der Radschnellweg Ruhr, der unter der Abkürzung RS1 den Trend Radschnellwege in Deutschland in Bewegung setzte, befindet sich genauso hier wie Deutschlands größtes Fahrradparkhaus (mit 3.300 Stellplätzen und einer Fahrradwaschanlage in Münster). Der Norden liegt in der Norddeutschen Tiefebene, weitere Gebiete haben Anteil an den deutschen Mittelgebirgsregionen Weserbergland, Eifel, Bergisches Land sowie Sauerland. Die flachen Regionen sind begünstigt, das Rad für den Alltag zu nutzen. Hier kann man sich, mit Kind und Kegel im Schlepptau, bequem und beschaulich mit dem Fahrrad fortbewegen, und dazu benötigt man keine besonders ausgeprägte Kondition (auch dann nicht, wenn man ohne Batterieunterstützung fährt). Nicht nur die landschaftliche Vielfalt macht Radtouren zu einem besonderen Genuss. Unzählige kulturelle Höhepunkte erwarten uns am Wegesrand. Altehrwürdige Burgen, traumhafte (Wasser-)Schlösser und historische Herrenhäu-

RUND UMS FAHRRAD-FAHREN IN NORDRHEIN-WESTFALEN

ser wollen genauso entdeckt werden wie Denkmäler der Industriekultur. Wir kommen durch zauberhafte Fachwerkdörfer und stille Klostergärten, zu Mühlen, Hofläden und modernen glitzernden Fassaden in der Landeshauptstadt Düsseldorf.

MIT DEM E-BIKE UNTERWEGS

Unterwegs sieht man abseits der Radfernwege nur ganz wenige E-Biker laden. Denn Hand aufs Herz: Bei üblichen Reichweiten von ca. 60–120 Kilometern sind die meisten Touren mit vollem Akku abgedeckt, so auch die Touren dieses Guides. Es hilft natürlich, wenn du dein E-Bike kennst und weißt, wie du die Reichweite beeinflussen kannst. Wer bergauf nur Full Power fährt, dessen Reichweite schmilzt wie der Schnee im Sommer. Hilfreich können auch entsprechende Apps wie bike-energy, Chargemap oder E-Station sein.

BESCHDILDERUNG & KNOTENPUNKTSYSTEM

In Nordrhein-Westfalen findet man als Fahrradfahrer leicht zum Ziel. Die Radwegbeschilderung ist im gesamten Bundesland, wie in vielen Radregionen inzwischen üblich, einheitlich in roter Schrift auf weißem Grund. Pfeilwegweiser zeigen uns an, in welche Richtung wir fahren müssen, um das angegebene Ziel zu erreichen. Der Verlauf von thematischen Routen wird durch entsprechende Zusatzschilder mit Piktogramm angegeben. Kleinere quadratische Zwischenwegweiser mit Fahrradsymbol und Richtungspfeil sagen uns unterwegs, wo es bis zum nächsten Pfeilwegweiser geht.

Das aus den Niederlanden und Belgien bekannte, einfache wie geniale Knotenpunktsystem, das sich mit „Radeln nach Zahlen" zusammenfassen lässt, wird dazu kombiniert. Dabei wird an Knotenpunkten die Richtung mit Angabe von nächstem Knotenpunkt, Zielort und Entfernung angezeigt. So braucht man bei der Tourenplanung nur die Knotenpunktnummern hintereinander zu notieren und kann von Punkt zu Punkt fahren. Die Knotenpunktnummern sind beim Fahrrad-Wegweisesystem in NRW zusätzlich zu den Pfeilwegweisern angebracht. Einen guten Überblick verschafft der vom Land Nordrhein-Westfalen eingerichtete Online-Routenplaner (radservice.radroutenplaner.nrw.de). Dort findest du nicht nur alle Knotenpunkte, sondern auch die wichtigsten Themenrouten und Inspirationen für eigene Entdeckungen.

TOURDAUER

Da wir es gemütlich angehen lassen wollen, basiert die bei den Touren angegebene Fahrdauer auf einer Geschwindigkeit von ungefähr 15 km/h.

AUF DER SICHEREN SEITE

Natürlich ist unser Fahrrad verkehrssicher und selbstverständlich fahren wir immer so, wie es in der Straßenverkehrsordnung aus guten Gründen vorgeschrieben ist. Für erwachsene Fahrradfahrerinnen und Fahrradfahrer gibt es zwar keine Helmtragepflicht, aber wir wissen: Bei einem Fahrradsturz kann uns der Helm vor Verletzungen schützen. Und nun, bestens informiert und gut vorbereitet, gilt: Nicht länger warten – starten!

FACTS NORDRHEIN-WESTFALEN

30.000 KM

Radwegenetz
in Nordrhein-Westfalen.
Nur Niedersachen hat mehr
Radwege in Deutschland.

1962 / 1963

Im diesem Winter war es so kalt, dass der Rhein zufror – bis heute zum letzten Mal.

220 KM

Länge der Lippe in NRW und damit der längste Fluss im Bundesland

18 MIO.

So viele Einwohner hat NRW und ist damit das einwohnerstärkste Bundesland von Deutschland.

843 M

Höhe des Langenbergs im Rothaargebirge im Sauerland. Höchster Punkt in NRW; der niedrigste natürliche liegt im Nordwesten mit 9 m ü. NHN

ADLER

Die einzigen Seeadler in NRW findest du in der Weseraue und am Niederrhein. Im Schutz der Bislicher Insel ziehen sie an Unteren Niederrhein ihre Kreise.

156 M

Der Kölner Dom hat auch heute noch die höchste Westfassade der Welt

400 M

tiefste künstliche Senke in NRW: im Tagebau Hambach – auch von der internationalen Raumstation, ISS, zu erkennen

VIEL KIES!

Am Niederrhein gibt es eines der größten Kies- und Sandvorkommen in Europa, das aus der Eiszeit stammt. Weil qualitativ hochwertig wird es gerne bei der Betonverarbeitung eingesetzt.

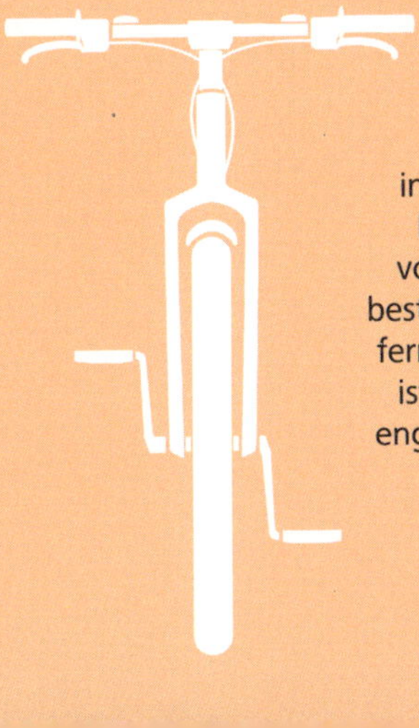

IM ZOO

in Münster gibt es die im Münsterland so häufig vorkommende Spezies zu bestaunen: Equus domesticus ferreus (gemeiner Drahtesel; ist rostanfällig und lebt in enger Partnerschaft mit dem Homo sapiens).

RAUSZEIT-HIGHLIGHTS

FÜR KINDER

Römergeschichte live

Eis essen und baden im 3 / Seebad Haltern und über die alten Römer im Museum lernen – das macht Familien happy!

Tour 3 // Seite 28

Wasser marsch!

Der „Wasser-Kraft-Spielplatz" am nördlichen Gebäude des 7 / Künstlerdorfs Schöppingen bietet ein schier unerschöpfliches Potenzial an Spiel und Spaß mit Wasser.

Tour 13 // Seite 119

Zahlreiche Tierbegegnungen

Kinder haben auf der Tour rund um Xanten am Wegesrand viel zu entdecken. Zahlreichen Vogelarten, Pferden, Ponys, Kühen, Schafen und Hühnern können wir auf dieser Tour begegnen.

Tour 14 // Seite 125

Outdoor-Spielplatz de luxe

Nicht so schnell langweilig wird's Kindern auf dem Spielplatz der 9 / Gitstapper Mühle mit Treppenhubschraubern, Trampolinen und vielen Klettergeräten.

Tour 15 // Seite 139

FÜR E-BIKER

Höhenmeter machen

Um die zahlreichen steilen Anstiege zu bewältigen, helfen ein E-Bike mit höherer Unterstützung und kleinerem Gang.

Tour 6 // Seite 49

Kultur, Schlemmen, Laden

Erst das Energeticon besuchen, dann im 9 / Restaurant Eduard im gleichen Haus schlemmen und gleichzeitig E-Bike laden.

Tour 9 // Seite 78

Verlängerung mit Steigung

Die 4 km mehr mit bis zu 10 % Steigung der Verlängerung vom 7 / Künstlerdorf Schöppingen zur Kapelle auf dem Schöppinger Berg (und zurück) fallen mit Batterieunterstützung gleich viel leichter.

Tour 13 // Seite 119

Von Null auf Hundert

Am Rhein entlang vorbei an Weinbergen kannst du mit vollem Speed ins 3 / Spielcasino Bad Neuenahr düsen, um alles auf die 0 zu setzen. Die 67 km lange Runde verfliegt mit Antrieb wie im Nu.

Tour 17 // Seite 158

Top für jede Lust und Laune: Kleine und große Abenteuer, die besten Einkehrtipps und entspanntesten Pausenplätze

FÜR SCHLEMMER

Im Grünen

Mitten in den Rieselfeldern trifft sich Münster im 6 / Café und Restaurant Heidekrug, um saisonale und regionale Küche zu genießen.

Tour 2 // Seite 22

An der Pferderennbahn

Nach einer Essenspause im 8 / Gut Knittkuhle noch ein Kaltgetränk am beeindruckenden Geländer der 9 / Pferderennbahn bestellen.

Tour 5 // Seite 45

Qual der Wahl

Das 2 / Pader Café mit Seeblick und Kuchenvariationen oder das 12 / Café Heinrichs mit wöchentlich wechselnden veganen und vegetarischen Speisen neben den Kuchen?

Tour 11 // Seite 95, 101

Best of Hausmannskost

Wie bei Oma schmeckt's im 6 / Restaurant Timmermanns, gemütlich draußen im Fachwerkhof oder drinnen in der urigen Stube.

Tour 15 // Seite 136

FÜR RUHESUCHENDE

Barocke Gartenkunst

In eine andere Welt abtauchen im Park des 4 / Schlosses Augustusburg, der mit seiner atemberaubenden Bepflanzung zu den schönsten Europas zählt.

Tour 8 // Seite 68

Ruhe am Rursee

Genau der richtige Ort für Ruhesuchende ist das kleine 6 / Woffelsbach am Rursee (Foto), das nicht ganz so überlaufen ist wie viele andere Eifelorte.

Tour 16 // Seite 148

Grün, grün, grün

Fernblicke ins Grün, das seichte Ruhrufer, das Naturschutzgebiet und am Ende ein herrlicher Park mitsamt Ruhrbalkon neben dem 7 / Kettenschmiedemuseum!

Tour 18 // Seite 171

Durch die Auenlandschaft

Auf dem 15 / Radweg in der Emsaue können von der Aussichtsplattform den Blick schweifen lassen und unsere Lieblings-Verweilorte an den Stegen suchen.

Tour 19 // Seite 190

DAS KRIEGST DU NICHT ALLE TAGE

Wann am besten wohin? Die Events zu den Touren findest du hier

EVENTS

TRAUMZEITFESTIVAL Duisburg Das Festival für Pop und Weltmusik lockt in die rostig-romantische Umgebung des Landschaftsparks Nord, im Frühsommer
Tour 4

HENGSTPARADE Warendorf Zuchtschauen des Landesgestüts inkl. Show in Paradeuniform, 3 Tage Ende Sept./Anf. Okt.
Tour 12

TAG DER OFFENEN TÜR im Künstlerdorf Schöppingen Brunch, 12–16 Uhr an jedem 3. So im Monat, ohne Anm.
Tour 13

DÜSTERMÜHLENMARKT Düstermühle Legden Volksfest mit u.a. großer Agrar- und Gewerbeschau und Kirmes, letzter Mo Aug.
Tour 13

RÖMERFEST „SCHWERTER, BROT UND SPIELE" Xanten Archäologie zum Anfassen im APX mit bis zu 500 Darstellern aus ganz Europa, jedes zweite Jahr im Juni
Tour 14

BURGUNDERFEST Neuenahr Wandern und Rotwein trinken, ein Tag Ende Juli
Tour 15

EFFELDER SPARGELFEST Christi Himmelfahrt
Tour 15

RURSEE IN FLAMMEN Rurberg Mehrtägiges Volksfest mit Feuerwerk, Juli
Tour 16

RHEIN IN FLAMMEN u.a. Bonn Beeindruckendes Feuerwerk am Rhein, erstes Maiwochenende
Tour 17

BURGUNDERFEST Neuenahr Wandern und Rotwein trinken, ein Tag Ende Juli
Tour 17

PAROOKAVILLE Weeze Die Fantasiestadt für Technofans lockt tanzende Elfen, beataffine Steampunker und namhafte DJs, 3 Tage Mitte Juli
Tour 20

RUHRTRIENNALE Einen Monat lang die Ruhrtriennale die spektakulärsten Orte der Industriekultur, Aug./Sept.
Tour 21

EXTRASCHICHT Das Ruhrgebiet feiert seine Industriekultur. Fast 50 (!) Standorte sind jeweils dabei, letzter Sa im Juni

PACKLISTE

GRUNDAUSSTATTUNG

- [ ] Fahrradhelm
- [ ] Radkleidung
- [ ] Radhandschuhe
- [ ] Radbrille
- [ ] Trinkflasche
- [ ] Fahrradschloss
- [ ] Handy
- [ ] Karte/Navigationsgerät
- [ ] Fahrradlicht, Ersatzakku/-batterie
- [ ] Erste-Hilfe-Set

+ TAGESTOUR

- [ ] Regenkleidung
- [ ] Wechselkleidung
- [ ] Reparaturset: Ersatzschlauch, Werkzeug
- [ ] Luftpumpe
- [ ] Packtaschen klein
- [ ] Verpflegung: Snacks, genügend Wasser
- [ ] evtl. wasserdichte Handyhülle

BIKEAWAYTOUR

- [ ] Zahnbürste
- [ ] Waschbeutel
- [ ] Packtaschen groß
- [ ] evtl. Zelt
- [ ] evtl. Schlafsack
- [ ] evtl. Kompass
- [ ] Handyladegerät

REISE-APOTHEKE

Pflaster & Blasenpflaster, Mückenschutz, Sonnenschutz, Zeckenkarte

RADCHECK

findest du auf der nächsten Seite

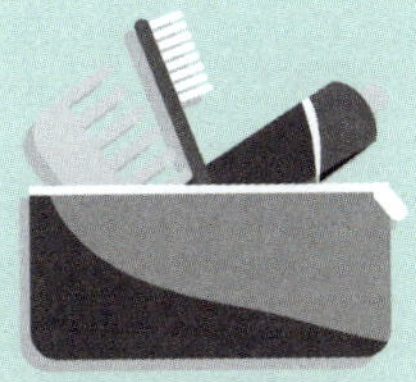

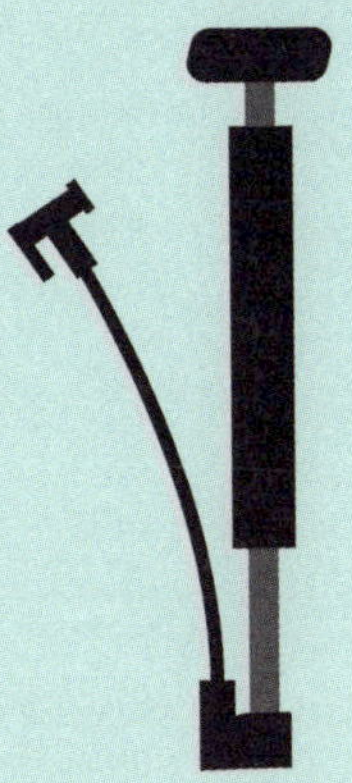

RADCHECK

AM BESTEN
nimmst du dein Fahrrad vor jeder Tour unter die Lupe, zumindest aber beim Frühjahrsputz. Darüber hinaus ist ein regelmäßiger Service bei Profis zu empfehlen.

EINFACH ERKLÄRT MIT PROFI-TIPPS

✓ Picobello: Reinigung des Fahrrads

Ein sauberes Fahrrad lebt länger und dir fallen beim Putzen Defekte auf. Daher ran an den Schwamm und die milde Seife oder den Fahrradreiniger und losgelegt! Wenn das Fahrrad getrocknet ist, mit einem sauberen Lappen Wasserränder wegpolieren. Handarbeit ist angesagt – ein Hochdruckreiniger ist tabu, da er auch Fett und Öl entfernt und Wasser in empfindliche Teile eindringen kann.

Tipp: Für verwinkelte Teile ist eine alte Zahnbürste praktisch.

✓ Pralle Geschichte: die Reifen

Um grob den Reifendruck zu überprüfen, mach die Daumenprobe: Lässt sich der Reifen mehr als 1 cm eindrücken, musst du pumpen. Angaben zu Mindest- und Maximaldruck findest du auf der Reifenflanke. Für wenig Rollwiderstand auf befestigten Straßen orientiere dich an der oberen Grenze, wenn du auf unbefestigten Wegen unterwegs bist, an der unteren. Je schmaler der Reifen und je höher das Gesamtgewicht, desto mehr Luftdruck ist nötig. Am einfachsten lassen sich die Reifen mit einer Standpumpe mit Druckmesser aufpumpen.

Tipp: Fahrradgeschäfte bieten machmal vor Ort gratis Pumpen zum Selbermessen und -aufpumpen an.

Nimm auch das Reifenprofil unter die Lupe: Entferne eventuelle Steinchen oder Scherben und halte nach Rissen oder Schnitten Ausschau. Wenn das Profil zu brüchig oder stark abgefahren ist, brauchst du einen neuen Mantel.

✓ Läuft wie geschmiert: Kette reinigen und ölen

Fürs Reinigen zuerst mit einem trockenen Tuch Kette von altem Fett und Schmutz befreien, indem du am Pedal drehst und so die Kette durch das Tuch ziehst. Den feinen Zwischenräumen kannst du wieder mit der Zahnbürste zu Leibe rücken. Danach Kettenöl, am besten biologisch abbaubares, auftragen, indem du es hinten auf die Kette träufelst, während du sie mit dem Pedal durchdrehst. Kurz einwirken lassen, dann mit einem Lappen das überschüssige Öl von der Kette abziehen.

Tipp: Hast du eine Kettenschaltung, schalte einmal alle Gänge durch, damit sich das Öl auf allen Zahnrädern verteilt.

Eine gut geölte Kette und der richtige Reifendruck machen außerdem ein E-Bike leichtgängiger, was die Akku-Reichweite erhöht.

✓ Schraube locker?

Prüfe regelmäßig die Schraubverbindungen der Steuerung (Lenker, Vorbau und Steuersatz), Laufräder, Pedale, Sattelklemmen und Anbauteile wie Schutzbleche und Gepäckträger.

Tipp: Legst du selbst Hand an, ist ein Drehmomentschlüssel am besten, damit du die Schrauben entsprechend den Drehmomentangaben für dein Fahrrad nachziehen kannst.

✓ Nichts kann dich stoppen, außer: die Bremsen

Prüfe, ob vordere und hintere Bremse einen gleichmäßig starken Druckpunkt haben. Öffne und schließe die Bremsen auch im Stand. Wenn bei hydraulischen Bremsen mehrmaliges Pumpen für einen soliden Druckpunkt erforderlich ist oder sich der Hebel bis zum Lenker durchziehen lässt, muss das System entlüftet werden. Wenn bei mechanischen Felgenbremsen die Bremsarme nicht gleichmäßig arbeiten, einstellen (lassen). Sind die Verschleißindikatoren auf den Bremsbelägen, kleine Rillen im Gummi, verschwunden, müssen die Beläge getauscht werden. Den Verschleiß von Scheibenbremsen kannst du bei relativ neuen Belägen mit einer Taschenlampe von oben durch den Schlitz im Sattel prüfen. Bei älteren und dünneren Belägen müssen die Räder zur Sichtprüfung ausgebaut werden.

Tipp: Gegen Verschmutzung und Korrosion der Bremszüge bei mechanischen Bremsen hilft ein Spritzer Teflonspray in die Enden der Außenhüllen. So gleiten die Kabel besser in ihrer Hülle.

✓ Damit dir ein Licht aufgeht: die Beleuchtung

Weil's am Abend auch schon mal später werden kann und du auch am Rückweg sichtbar sein möchtest: Sind Lichter und Reflektoren vorhanden und funktionieren sie?

✓ Für alle mit extra Antriebskraft: Akku & Motor

Bei längerer Nichtnutzung, zum Beispiel in der Winterpause, achte darauf, dass sich der Akku nie tiefentlädt. Korrosionsspuren bei den Steckverbindungen kannst du mit einem speziellen Kontaktspray entfernen. Fallen dir Schäden am Motorgehäuse auf, am besten schnell in eine Fachwerkstatt.

Los geht's!

© KOMPASS-Karten GmbH
Karl-Kapferer-Straße 5
A-6020 Innsbruck
www.kompass.de

IMPRESSUM

1. Auflage 2023 (23.01)
Verlagsnummer 3825
ISBN 978-3-99121-924-8

Text und Fotos (soweit nicht anders angegeben): Christoph Drepper (Tour 12), Ulrich Gerbing (Tour 13, 19, 19 ½), Thomas Machoczek (Tour 4, 20, 21), Susanne Münch (Tour 5), Elisabeth Odendahl (Touren 8, 17), Ulrike Katrin Peters (Tour 3, 14, 18), Bernd Schadowski (Touren 1, 9, 10, 11, 15, 16), Rouven Soyka (Touren 6, 7), Nikolai Wystrychowski (Tour 2)

Titelbild: Königsallee in Düsseldorf (Foto: AdobeStock – stock.adobe.com: © dietwalther)
Titelillustration: © svetazi – stock.adobe.com (Fahrrad)

Fotos: © jessicahyde – stock.adobe.com (Graspapier-Hintergrund div. Seiten), © Harald – stock.adobe.com (24), © Rothaarsteigverein e.V./Klaus-Peter Kappest (48), © Sauerland-Wanderdörfer/Klaus-Peter Kappest (50 oben), © Sauerland-Tourismus e.V./Ralf Schanze (50 Mitte), © Tourismus Brilon-Olsberg/sabrinity.com (52), © Tourismus Brilon-Olsberg/Klaus-Peter Kappest (53), © Ruhr Tourismus/Dennis Stratmann (56, 60), © Ferienwelt Winterberg/Klaus-Peter Kappest (59 oben), © Sauerland-Tourismus e.V./sabrinity.com REACT-EU (59 Mitte), © Sauerland-Tourismus e.V./Heidi Bücker (61), © Tom Bayer – stock.adobe.com (64), © Elisabeth Schittenhelm – stock.adobe.com (67 oben), © CURIOS – stock.adobe.com (67 Mitte), © shootoke – stock.adobe.com (68), © Martin – stock.adobe.com (69), © eranyardeni – stock.adobe.com (70), © Ulrike Katrin Peters (80/81, 227), © Martin_P – stock.adobe.com (104), © lotharnahler – stock.adobe.com (107 oben), © Stephan Sühling – stock.adobe.com (114), © AnnaReinert – stock.adobe.com (117 oben, 118, 119, 121), © hespasoft – stock.adobe.com (117 Mitte), © georg_weber – stock.adobe.com (148, 230), © travelview – stock.adobe.com (154), © Alice_D – stock.adobe.com (157 oben), © Comofoto – stock.adobe.com (157 Mitte), © julia_sergeeva – stock.adobe.com (158), © EKH-Pictures – stock.adobe.com (159), © SiRo – stock.adobe.com (160), © Adrian v. Allenstein – stock.adobe.com (161), © Bernd Schadowski (174/175), © Nikolai Wystrychowski (178, 181 oben, 182, 183, 184, 185, 186, 187, 188 oben, 188 Mitte), © Studio Wilkos (181 Mitte), © Lars Popanda – stock.adobe.com (191), © Thomas Machoczek (222/223, 240), © Monika Wisniewska – stock.adobe.com (237), © CC-IMAGES – stock.adobe.com (225)

Gestaltung / Illustration – Composing / Agenten und Freunde Iris Streck München

Illustrationen: AdobeStock – stock.adobe.com: © Azar, © askaja, © mtmmarek, © svetazi, © val_iva; creativmarket: © amber&ink, © NassyArt
Miniaturen auf illustrierten Karten: Agenten und Freunde Martina Dobrindt München;
AdobeStock – stock.adobe.com: © SimpLine (Fachwerkhaus), © naddya (Rose), © Flatman vector 24 (Schleuse), © val_iva (Schilf, Vögel), © Stephi (Römer), © reeel (Zeche Zollverein), © SG- design (Jahrhunderthalle, Markt mit Gaukirche), © fotografiedk (Landschaftspark Nord), © Larry Rains (Schafe), © mtmmarek (Weinrebe), © Agenten und Freunde Martina Dobrindt München (Externsteine, Ruhrstausee)

Grafische Herstellung: KOMPASS-Karten
Karten: © KOMPASS-Karten GmbH unter Verwendung OpenStreetMap Contributors (www.openstreetmap.org)

Erzähl uns von deinen Abenteuern auf Instagram und Facebook mit: #folgedeinemKOMPASS

FSC www.fsc.org
MIX
Papier | Fördert gute Waldnutzung
FSC® C018236

BIKE-BUCKETLIST NORDRHEIN-WESTFALEN

TOR NACH WESTFALEN

Wir genießen den Weitblick über den Teutoburger Wald vom 5 / Kaiser-Wilhelm-Denkmal oberhalb des Weserdurchbruchs Porta Westfalica.

Tour 1 // Seite 12

DIE NIERS ENTLANG

Zwei Tage radeln wir durchs Herz des Niederrheins, bewundern Schlösser wie 3 / Schloss Rheydt, können an der 9 / Niersfähre an der Seilkurbel selbst Hand anlegen und in 8 / Wachtendonk mit malerischem Ortskern übernachten.

Tour 20 // Seite 196

TOUR 2

AUF WERSEPÄTTKES

Entlang der Werse können wir die Seele baumeln lassen, wenn wir auf dem 3 / Pättken an der Werse in die Rieselfelder rollen.

Tour 2 // Seite 18

ABGEFAHREN AUF ZOLLVEREIN

Die längste freistehende Rolltreppe Deutschlands findet man auf dem Gelände des 4 / Weltkulturerbe Zollvereins. Sie führt hinauf zum sehenswerten Ruhrmuseum.

Tour 21 // Seite 212

AN DER QUELLE

Zum Ursprung radeln: Von Winterberg geht's zur 3 / Ruhrquelle und weiter den Fluss entlang durchs malerische Ruhrhochtal.

Tour 7 // Seite 58

VERGANGENHEIT & ZUKUNFT

Von der Bergehalde 11 / Carl-Alexander-Park blicken wir über das ganze Aachener Revier, dessen Landschaft vom Steinkohleabbau gepägt ist, und im 10 / Museum Energeticon machen wir uns über die Energiewende schlau.

Tour 9 // Seite 78